洞见

一个律师的成长之道

郑显锋 著

湘潭大學出版社

图书在版编目（CIP）数据

洞见 ：一个律师的成长之道 / 郑显锋著. -- 湘潭 ：湘潭大学出版社，2023.1
ISBN 978-7-5687-0909-5

Ⅰ. ①洞… Ⅱ. ①郑… Ⅲ. ①法律－中国 Ⅳ. ①D920.5

中国版本图书馆 CIP 数据核字（2022）第 200262 号

洞见 ：一个律师的成长之道

DONGJIAN : YIGE LÜSHI DE CHENGZHANG ZHI DAO

郑显锋 著

责任编辑： 张 蔚 渠珊珊
封面设计： 悟阅文化
出版发行： 湘潭大学出版社
社　　址： 湖南省湘潭大学工程训练大楼
电　　话： 0731-58298960 0731-58298966（传真）
邮　　编： 411105
网　　址： http://press.xtu.edu.cn/
印　　刷： 成都市兴雅致印务有限责任公司
经　　销： 湖南省新华书店
开　　本： 880 mm×1230 mm 1/32
印　　张： 6.5
字　　数： 160 千字
版　　次： 2023 年 1 月第 1 版
印　　次： 2023 年 1 月第 1 次印刷
书　　号： ISBN 978-7-5687-0909-5
定　　价： 78.00 元

他以自身的微光践行着善和真

在我的心里，法官和律师都是正义的化身。

记得小时候看香港 TVB 电视剧《壹号法庭》，我对剧中法官和律师的印象非常深刻。

在法庭上，律师操守专业，当庭唇枪舌剑。在一次次为当事人的辩论中，借助他们的抽丝剥茧，我们得以看清案件背后隐藏的更深的故事。

他们将一个个因，一个个果，细细讨论，让每位看客或是深陷其中的人，明白了因，了却了果。

剧中的律师对待工作专业严谨，在案件之余也有斗嘴取乐的生活故事，甚至在自己的家庭生活中，也有凡人的喜怒哀乐。

这些人物每一个都是独立自由的灵魂，又可爱得各有千秋。在真正的善恶面前，法官和律师立场坚定、行为果敢。

看的时候，那种情绪的波动是如此自然，好像我也是戏中人，陪他们一起谈天说地，患难与共。

所以当知道显锋的职业经历之后，我对他升起了不一样的敬佩。

与显锋的相识，是缘于我帮他策划指导这本书稿。这一路我见证了这本书的问世，如同一起参与了他的成长历程。

有人很小就明白一生所向，但大多数人还是要在世间摸爬滚打，才能慢慢看清自己想要的人生是什么。

从茫茫然被生活推着走，到知晓自己一生所向，这条内心的寻找之路，显锋走了多年。

看完显锋的文字，字里行间映现着一幕幕聚散离合，见证着一场场法庭雄辩。他并没有把正义时时挂在嘴上，但却以自身的微光践行着善和真。

从县城里的法官转型为一名职业律师后，显锋经历了心理的较量。他深刻感受到了律师行业的艰难困阻和酸甜苦辣，每天与形形色色的人打交道，见过人间百态，处理过各种纠纷案件，但他的内心一直坚定如一，纯真而深厚。

在他看来，律师是调解员，也是心理师。从业过程中，他处理过合同纠纷、交通类案件、劳动争议、离婚纠纷、民间借贷、农村纠纷等多种案件。他始终尽好自己的本分，替当事人争取最大的利益。

这份职业本身充满着严肃压抑，但显锋一直牢记只有温暖了自己，才能照亮别人。能够为当事人化解矛盾，让争议双方握手言和，一直是他追求的美好。

显锋一直坚信，生而为人的价值，不在宏图伟业，而在是否坚持不懈地在浮躁的人间举起那一点代表正义的微光。

我相信，这点光虽是微弱之光，亦能照亮世间一隅。再微小的善意，也能让荒芜的内心重新苏醒。

严谨的工作之余，显锋喜欢行走，在山水自然中感受阳光和清风，感受生命的壮阔，他还喜欢阅读。这些爱好能让他短暂脱去烦恼，身心也重回晴朗，更有力量继续践行自己的使命。

可即便是法官或是律师，命运也并不会因为他的正义光环，就对他格外眷顾。普通人遇到的坎坷，他一样也不少，都是靠自己的血肉之躯面对生活的挑战。

世人都在争先恐后地往前赶，为了生存之道做足架势不停吆喝，他也被裹挟其中。作为普通人，都会有情绪的困扰和拉扯，但专业的精神不允许显锋将情绪带入工作中。

从显锋的文字中，我知道他也经历了生活的不易，经历了职业生涯中的各种状况。很多时候他也曾长吁短叹，也曾彻夜不眠，但都靠着自己撑过来了。

显锋并不会因为职业的光环去逃避世俗，无论生活是好是坏，他能把自己的正义之心放进世俗一道同流，这样的信念才是真实的、有力的。

志之所趋，无远弗届。这是我对显锋的祝福。

这世间光怪陆离，人心浮躁，但还是有很多人做着不以名利为终极目标的事情。在这些人身上，我们看到了爱、自由、信仰，他们是我们心底的暖意。

其实每个人既是旁观者，也是当局者，在别人的故事里悲欢喜乐，也在自己的经历中纠结挣扎。作家木心说过这样一句话：“所谓无底深渊，下去，也是前程万里。”即便我们身处无底深渊，也要坚持走下去，只要有一颗向好之心，前方自会有明亮。

细想一下，生活待我们并不薄，不缺粮食蔬菜，有值得珍惜的人。世事虽磨人，但磨的不过是灵魂的出口，所有经历都是为了让我们认清自己。

愿我们胸中有山河辽阔，身边有同道人彼此鼓励，每个人都有各自的坚守。

露茜女子

2022年3月28日

代　序 

同为从法院辞职转型做律师的法律人，我和郑律师神交已久。收到郑律师为本书写序的邀请后很是忐忑：我是深知自己“段位”不够也没资格为本书写序的，但看了书稿之后还是决定作为自我挑战来写自己的感言作序，因为作者在字里行间流露的内化于心的“正义”让我太有共鸣了，作者的经历也让我感同身受。

曾经有过审判经历的律师关于正义的认知会和没有审判经历的律师略有不同，这是切身经历所致。我和郑律师都是从学校毕业后通过公务员招考进入法院走上“法官之路”的，鉴于能否通过公务员考试存在极大的不确定性，走上审判席时总难免会有“阴错阳差”之感。书中的正义和法条中的正义，是理想情况下的正义，并不完全等同于鲜活的个案中的正义。法官办案越多，对司法公正的思考和对正义的思考也会越多。

其实律师也并不自由，律师的不自由在于需要为谋生计付出时间与精力，需要像草原里的动物为活着竭力奔跑一样全力以赴。从法官转型做律师，更难的是心理层面的角色转变，这个转变的过程犹如涅槃，冷暖自知。律师代理案件和法官审判案件最大的不同在于律师需要竭尽全力去维护客户的最大利益，而法官只需要最大限度地通过裁判实现正义。优秀的律师一定是有情怀的律师，一定是能够和客户共情的律师，一定是能够全力帮助客户解决问题而不是制造问题的律师。律师也常有面临良心拷问的时候，律师也是律所的一份子，律师也有律师的江湖，律师也有律师的焦虑，在有所为有所不为中追求内心的平衡，是律师抵制焦虑的最大法宝。

如郑律师所言，官司其实并不难打，尤其是对专业精湛的律师来说。但是作为一门依托于人的技艺，打官司的流程中有很多环节会因为不同的人而有所不同，打官司不只是争输赢分对错，冰冷且无感情地程式化套用法律的过程，而是运用法律结合心理调适等化解纠纷的过程。做一名有温度的律师，当是每一位律师毕生该有的追求。

每个人心中都有自己对于正义的界定，有文学青年、法官、律师三重属性的郑律师，显然对正义的思考较很多人更为深广。以人为镜可以明得失，郑律师的经历以及一路走来的心路历程，是法律人职业起步之初最好的借鉴。读懂了郑律师对自由真理孜孜不倦的追求，一定会有不一样的收获。

上海央法律师事务所主任　常东岳

2022年3月29日

序　言

在我还是学生时，从没想过自己日后会从事法官这个职业。更不会想到在从事七年审判业务工作后，自己毅然辞去了这个铁饭碗职业，转身去充满不确定性的律师行业打拼。从我学习法律到进入法律行业，如今已十多年，有许多体会和思考，自认为是值得分享的，比如法官是如何判案的。在我从事审判业务之前，对审判知之甚少，不曾知道天理和人情也是法官要考虑的，不曾知道法官优良的品格、高尚的情操比起法律职业技能，对于确保公正司法意义更为重大。

法律与每个人的生活密切相关，衣食住行、商业往来、创业工作、权益维护，处处都有法律的影子。可以说法律就是公民权利的保障书，但许多人对法律及法律的实践仍是陌生的。我试着以自己的亲身经历、所见所闻，从中选取部分人和事，展现真实的法律运行情况。尽管书中所写片段化，加上笔者职业经历有限，可能欠缺全面考虑。可即便如此，笔者仍然认为见一叶，也能悟出“一叶一世界”。

不管是从事审判工作，还是律师职业，都是在与形形色色的人打交道。因而我的职业之路具体而生动。书中所写不是“空穴来风”，亦非人云亦云。古人云：“绝知此事要躬行。”因为我长期从事民事诉讼，所以我主要以民事及民事诉讼作为切入点和立足点，所思所想都是建立在对第一手材料掌握的基础之上，对没有亲身经历的领域则甚少涉及。

不管身处何时何地，法律都将伴随你左右。哪怕你一贫如洗，哪怕你人微言轻，当你需要公平公正的时候，它就是你的“正义女神”。现实生活确实有不如人意之处，即使作为律师，在帮助他人维护合法权益时，有时也会遭到刁难，满心委屈无处诉。可是历史反复证明，法治是人们追寻美好幸福生活的重要保障，是安居乐业的必要元素。因而法律权威也是我们每一个公民应该用心去维护的。为此我撰写了一章民事诉讼法律常识，引导普通人在涉法纠纷时，学会用法律维护自己的权益。

虽然法律作用越来越大，但也不可忽视道德力量。“德润人心”，将正直仁爱、诚信无价、生命价值高于一切等道德观念融入个人信念中，社会中的许多纠纷也许就不会进入法律领域。即使需要法律来调整，也因当事人具有良好的道德观念，而使得法律的适用“风雨无阻”。

为尊重和保护他人隐私权，书中人名均为化名。同时对案例也进行了加工改编，读者切勿“对号入座”。

由于作者水平有限，书中可能存在一些错误，诚挚欢迎读者朋友批评指正。

郑显锋

2022年3月5日

C O N T E N T S

目录

何为司法公正

我的律师之路

打官司不难

人民需要什么样的司法

何为司法公正

阴错阳差，走上审判席

2008年6月，毕业季。我跟着同班同学来到了北京，从长沙到北京坐火车15个小时，无座，一张报纸铺在地上，便坐下了。然而我却很兴奋，要去北京找工作，虽然不知道能找到什么工作，但却有种莫名的美好憧憬，让人无比期待。

同行的同学是去北京参加法律职业资格考试的，我却坚决不报名，同学多次劝说，说先报名考考，也不损失什么，万一过了呢。我却毫不在意，十分自信地笃定自己将来绝不会从事法律职业。从毕业的那一刻起，我就没有想过从事跟法律专业相关的工作。哪怕路过庄严肃穆的最高司法机关门前，看着人来人往，心中也没有一丝丝涟漪，片刻的转念也没有。

到北京后，我租住在老旧楼梯房一楼，一间狭小的房间里住着4个人，小的连一张桌子都摆不下，只有几张床，整个房间月租1600元，每人400元。就这样安顿下来了。

后来在同学介绍下，我短暂地从事过房屋租赁中介工作，是一个极小的中介公司，10个人左右，似乎不需要什么知识含量，里面只有一个大学生，大部分员工只有初中毕业。带我的师傅说，除了熟悉基本流程外，最重要的就是热情，对客户无微不至的热情。入职第二天，就听见带我的师傅和另一位同事因为房源问题争得面红耳赤。

对居住环境和工作环境的心理落差，让我在北京没有待满两个月，就离开了。后来在同村家族人的联络下，我也去过福建省泉州市和浙江省杭州市萧山区，兜兜转转四处找工作。

过了一年，家人从亲戚那里得知，国家在官方网站上发布了定向招录政法干警的公告，说跟法律相关，让我去试一下。因为在外一年的漂泊，当初的热情也被消磨了许多。想着可以尝试稳定的工作与生活，我便试着去报名参加了考试。

考试成绩出来的前一天，我已经背着行囊准备开始未知的远行，因为对考试结果根本不抱希望。然而上天这次竟然垂青于我，我的笔试成绩竟然排在了第一，后来经过面试、体检、考察等环节，我被顺利录用。从此我便明白，自己将来要在法律职业这条路上走下去了。因为是定向培养，我很快就来到了位于重庆市渝北区的西南政法大学接受法律专业知识的洗礼。

我原本是学习法学专业的，按理说走上法律职业，本是理所当然的。但在我的骨子里，仍然想做跟文艺情怀有关的事情。大学时我便常去图书馆，阅读文学名著，阅读范围广泛，如《老人与海》《茶花女》、琼瑶的《花非花雾非雾》等，钟情于魏晋时期诗人描绘的世界，诗人海子的诗句“喂马劈柴，周游世界”“面朝大海，春暖花开”更是深深烙印在脑海里，却没有看过几本跟法律相关的课外著作。

如若情怀换不来柴米油盐，那就将就着去工厂型的企业。这或许是受父母的影响，因为我父母长期在家乡一个小镇上的民营企业上班。那是一个从事矿业加工的工厂，工作氛围相对融洽，工人也大多是附近的村民，彼此之间还能互帮互助，物质水平也比单纯种地的农民要高一些。我在工厂里生活了十多年，深受工厂氛围的熏陶。

在我的印象中，法官是一个严肃且枯燥无比的职业。在专业课程的课堂上，看到老师播放的庭审实录，法官正襟危坐，全程没有一丝微笑，有时甚至眉头紧锁，遇到不遵守法庭规则的人还要训斥。心想这份工作一点都不快乐，打死也不会从事这个职业。所以在此后的人生规划中，我便压根没有想过从事这个职业。

然而经历了求职过程中的心酸，我的职业观也有了些许改变，最重要的是漂泊久了，想要有个稳定的港湾，也不再去细想港湾里的风浪究竟大不大。

法官在下，正义在上

我对法官的最初认知，来自小时候看过的电视连续剧《包青天》，包拯不苟言笑，大义凛然。那时候便觉得这就是老百姓守护神的化身。

当我第一次走近法院庄严的办公大楼时，便肃然起敬，心想在这里上班应该很威风。可当我走进办公楼一楼时，却看见了截然不同的景象，里面人声鼎沸，竟有种身处闹市的错觉。立案大厅里有坐立不安的、有来回踱步的、有互相对质的，有的是咨询、有的是询问立案事宜，还有法官组织当事人双方做调解的。

“也不能只写个诉状，你得提交证据，不能什么证据都没有。”立案庭的工作人员对未提交任何证据的当事人重复解释了好几次。

“我还要什么证据？状纸上面写得清清楚楚，我对天发誓，写的都是真的，说一句假话天打雷劈。”

“不是的，按法律规定你必须提交初步的证据。”

“我看你们就是故意刁难人，故意为难老百姓，就一个还钱的事，多大的事？不给老百姓做主，要你们有何用？”

我看着立案庭的工作人员一脸的无奈。

“凡事让一步，不吃亏，过去的人常讲吃亏是福，退一步海阔天空。俗话说远亲不如近邻，我希望你们双方都能好好想一下这句俗话的含义。作为邻居，你进我一尺，我占你一丈，你们双方觉得，这是邻居该有的样子吗？古代有个六尺巷的故事，不知道你们有没有听过，没有听过我可以给你们讲一讲，但你们可能没有耐心听，我就讲其中一句给你们听听：让他三尺又何妨！”

这是一位老法官在调解一个相邻纠纷的案件，一下子颠覆了我对法官的印象。

上班的第二天，我便被同庭室的老法官叫去做庭审记录。凭借着前一天同事的耐心讲解和对几本卷宗的翻阅，我便紧张地开始了工作。

“下面我宣布法庭纪律：全体人员在庭审活动中应当服从审判长或独任审判员的指挥，尊重司法礼仪，遵守法庭纪律，不得实施下列行为：……”

宣读完之后，我的内心是忐忑的，只想着怎样做记录。

“这是我单位新进的书记员，第一次做记录，请双方说话的时候慢一点，便于书记员记录。”有了审判长的铺垫，我心里顿时镇定了一点点。

书记员的工作极为烦琐，除了庭审记录，还需要做调解笔录，送达各类通知、传票、法律文书，随时准备接受当事人等诉讼参与人的咨询，还有诉讼事宜的沟通等辅助性审判事务。

两年之后，我被任命为助理审判员，正式成为一名法官，坐在审判席上审理案件。有一句话在法律界广泛传播：“你办理的不是案件，而是别人的人生。”言下之意，我们所审理的每一个案件都将影响当事人的一生，有时甚至会改变他们的人生观，很多人也因此重新筹划人生。既然审理工作对当事人影响如此深远，那如何让诉讼参与人在诉讼期间感受到法官的不偏不倚呢？初次接触的两个案件让我思考了很久。

案一：家住农村山区的孔老，已七十高龄，三十年前丧偶，辛苦养育两儿一女长大成人，均已成家立业，本应享受天伦之乐，然而事与愿违。子女均不承担抚养义务，孔老向村、镇反映，均调解未果，老人气不过，来到法院要求状告三个子女。

为此法庭主动联系三个子女，长子说：“老人家一直偏向他的小儿子，凡事都是他小儿子优先，要钱也应该让他小儿子优先。”女儿说：“村里面都是儿子养老人，女儿长大了都是外人家的，百年之后，那些土地、房子都是我兄弟的，我又没有份。”小儿子说：“我是最小的，老人家要钱要米也应该由大的先承担，何况我现在也挣不到什么钱。”法庭在确认双方关系和事实的前提下，依法判令三个子女履行赡养义务。

案二：张某与薛某某经人介绍相识，后登记结婚。婚后育有一儿一女。婚后双方常因家庭琐事发生争吵，已分居四年多。张某第二次起诉要求与薛某某离婚，薛某某坚决不同意离婚。后经多次沟通，薛某某同意调解，但要求张某答应一个条件：双方离婚后，除非两人复婚，否则张某不能再嫁给任何人。法庭经审理认为，双方感情已破裂，准许离婚。对薛某某的不合法要求，予以驳斥。

正义是一个崇高的理想，虽然有不同解释，但普遍认为其基本含义是公平公正。法律代表着正义，既然选择法官这个职业，也就意味着在法官职业生涯中选择了正义作为自己的价值目标追求。

我所见过的世间百态

作为一名法官，见过的世间百态，总是带有暗淡的色彩，即使只是参与者，并不是当事人，事后回想起来，仍有大漠孤烟的苍凉感。

有的人是来寻求公正，有的人是来寻求保护，有的人是来争一口气，还有让人难以理解的是来诉苦的。无一例外，他们都是带着怨甚至是恨来的，而这注定了我所见到的人间百态一定不会欢快，哪怕有时结局还算温暖，过程通常也不美好。

某一天，一名装扮时尚艳丽的女子走进办公室。

“我来起诉离婚，我与小孩的爸爸已经两年没有在一起了，这几年我都在外面打工……”根据过往的经验，十有八九是在外面受到思想观念的冲击与浸染，对爱情和婚姻的认识观念有了一定的转变。

立案后法庭迅速通知对方，为了使双方能在同一时间点抽出时间调解，几经沟通，只能定在周六。到了约定时间，一个穿着打扮甚为朴素的人走了进来，跟女方的浓妆潮服形成鲜明对比，跟随其后的还有他的一儿一女。

一见面男方哀求似地求和：“能不能不离婚？钱我可以去挣，你不愿做事，待在家里享福也行。”

女方没有回应，一直沉默不语。女儿叫了一声妈，女方低着头很生硬地应了一声。要是女儿没有叫唤，在旁人看来都不觉得这是一对母女。而一旁五岁的儿子，目光呆滞地看着这些大人，没有叫母亲。女方叫了一声儿子的小名，儿子却没有回应。

“孩子都这么大了，能不离婚，尽量还是不要离婚，离婚之后对两个小孩的成长也是非常不利的……”我们力争劝和。

“什么事情都要你情我愿，我现在不想跟你过了，不是我有多么无情，而是我们之间已经没有感情了。家里的财产我全都不要，两个小孩愿意跟你就跟你，如果你不想要也可以跟我。我只要离婚，其他的我都可以放弃。”女方如此决绝仿佛她早已规划好了新的人生。

当我们询问两个小孩愿意跟谁继续生活时，两个小孩都表示，要继续跟爷爷奶奶一起生活，不想跟母亲走。女方听到后轻声叹了一口气，但并没有再争取一下孩子的意愿，似乎她的脑海里只有“离婚”二字。但男方一时难以接受离婚，为此法庭另定时间开庭，让双方回去再仔细考虑一下。

事后我一直在想，她这几年在外面经历了什么？老法官们调侃说都是打工惹的祸。后来女方打来了一个电话，我似乎明白了一些，又好像还是不懂。

“我跟他是经媒人介绍的。以前很苦，日子过得很艰难，跟公公婆婆也相处不好。他一个人在外面做工，也不知道在外面干些什么，从来不关心我过得怎么样。我是负气出去打工的，外面的世界很精彩，我看到了一个不一样的世界，也看到了不一样的人。她们穿好看的衣服，追求自由的生活，爱情也是自己追求的。我很羡慕她们那样的生活。所以我想离婚，追求不一样的人生。”

在离婚纠纷中，法官通常同情女方，因为女方一般情况下也是弱小的一方，有的面临家庭暴力，有的在公婆家逆来顺受，有的是男方经常在外花天酒地，女方长期在家暗自神伤等，诸如此类。极少数情况下，也有女方仗着娘家强势，骄横跋扈，甚至生活不检点的。而在本案中，不知道该同情谁，似乎也不需要同情。双方并没有像许多离婚夫妻一样，为家庭琐事经常争吵，为子女抚养、财产分配、债权债务吵得不可开交。离婚的原因变得多样化，像本案这种因为思想观念的转变，请求离婚的也越来越多。

如果说情感的割裂是爱恨情仇，那民间借贷引发的问题则让人看到人情冷暖。

某日，我接到一起诉状。原告是王翠翠，被告是小姜，诉状大致内容是：小姜的父亲老姜生前欠王翠翠一万元，没有借条，现金给付。后经了解，王翠翠是一家商品小卖部经营者，老姜租住在小卖部楼上，小姜因与父亲老姜有隔阂，多年没有住在一起。

为此事，王翠翠多次到法庭讲述案情，每次都义愤填膺，“好人没好报啊”“早知他有这样的女儿，我绝不会借钱给他”“宁肯把钱烧掉，也不借钱给人了”。

小姜辩称：“我不清楚借款一事，你要找就去找借款人，何况没有借条，又没有转账凭证，我怎么知道是不是事实。”

王翠翠一听更加气愤：“我看你父亲一个人生活可怜，看在是经常照顾我小卖部的熟人份上，才答应借的，连借条都没有打，就是相信你父亲是个讲信用的人。现在你父亲走了（指去世了），你是他唯一的女儿，不找你还，还能找哪个？”

法官陷入两难，审理此类案件，一要证明双方有借贷合意，二要证明款项已经给付。然而原告没有任何证据，也没有任何证人能够从旁佐证，老姜已经去世无从对证。但根据对当事人的言行观察，原告的陈述具有高度盖然性，即很大可能是真实的。

几经调解仍未果，小姜始终不同意，小姜说自父亲去世后，已有多人向她要求还父亲的债，而自己对那些所谓的债务一无所知。母亲去世得早，父亲经常酗酒，家产已给挥霍完了，为此父女之间隔阂很深，也不想理会父亲的烂摊子。“但想想毕竟父女一场，有凭据的我认了，无凭无据的我坚决不认。”

历时两个多月，双方都已筋疲力尽。根据法律规定，若要认定事实，需要证据支撑，如若没有有力的证据证明，将驳回原告的诉讼请求。为此法庭动员王翠翠撤回起诉，找到证据后再来起诉。最终王翠翠撑不过，撤诉了事。半个月后，王翠翠打来电话，说小姜意外地送去了一万零四百元，并且跟她说其中四百元是感谢好人的回报。

结局虽然温暖，然而过程却叫人不愿回想。我们也不知道是哪一根手指拨动了小姜的心弦，悲伤曲瞬间变成了欢乐调。也许小姜内心也在挣扎，最终善良占据了上风吧。

婚姻家庭类与借贷类纠纷是基层法官面临的常见纠纷，其中发生的故事又各不相同，傲慢与偏见、真实与谎言、责任与无情，每天都有不同的剧情上演，而这剧情里全是主角，没有群众演员。

法官的心理较量

在百姓心中，法院有一杆秤，是可以主持公道的。对公众来说，一颗无私的、不偏不倚的心是公平正义的保证，高尚的人格情操是正义之河的源头，如果源头被污染了，再怎么清洁江河，也只是杯水车薪。

对法官来说，如何让公众感受到审判者绝无私心，确实是不小的难题。法官认为自己做到了不偏不倚，但作为当事人的任何一方，都有可能认为法官偏心了，甚至公众也会说天平的两端没有保持平衡。如何使天平做到平衡？作为审判者，法官也会跟自己较劲，在天平两端来来回回踱步。

有的人会说，法官有什么可纠结的，按照法律判不就完了。但法官要考虑的从来不只是印在纸上的法条，机械式地适用法律，这样可能会不合情理。

如内蒙古农民王力军非法收购玉米一案，被告人王力军没有办理粮食经营许可证和工商营业执照而进行粮食收购活动，违反《粮食流通管理条例》相关规定，被判非法经营罪，后被再审改判无罪。就法律法规条文字面含义而言，可以给王力军定罪，但从情理角度而言，从粮农处收购玉米卖予粮库，在粮农与粮库之间起了桥梁纽带作用，没有破坏粮食流通的主渠道，不具有非法经营罪所要求的社会危害性，当然也就不具有刑事处罚性。

再者，机械适用法律，也可能不合自然规律。如在一起生产、销售有毒有害食品的案件中，被告人为增加火锅汤料的口感，长期在火锅底料中加入少量罂粟壳粉。该行为的危害后果如从法理角度论证，难度极大，难以定罪，因为群众食用后没有不良反应，没有证据证明此举造成了社会危害。但“民以食为天”却是自然的道理，理应保障群众食品安全，该行为的社会危害虽然难以看见，但客观存在。

法律以文字化的条文为载体，体现的是形式意义上的公平与正义；而法官在适用法律时，将国法、道德人情糅合在一起，才能彰显实质意义上的公平与正义。可如何在适用法律的同时，能够兼顾道德、人情，对法官来说是一场不小的较量。

作为法官，无论从追求法律效果和社会效果的完美统一来说，还是出于个人前途的考量，调解成功无疑是最佳选项。这也是许多法官为何加班加点调解，有时甚至唠唠叨叨，也要费尽口舌促使调解结案。除了相比判决结案，极大减少工作量之外，对后续效果的考虑也是非常重要的因素。然而有些案件，即使费尽九牛二虎之力，仍然不能调解成功，这时就必须要判决。如何使判决产生良好的效果呢？有一个词语，叫胜败皆服。胜败皆服的关键意义在于让败诉的一方也服，因为胜诉的一方通常都对判决颇为满意，即使不是十分满意，通常也是认可判决的。关键在于怎么让败诉的一方心服口服，这是非常困难的，做到了就是一种高境界。从这个角度上说，法官的心理较量内容之一，就是预想与败诉的一方进行较量，要让败诉的一方输得心服口服，从中挑不出什么刺。

第二个心理预想较量的对象就是自己的同行。因为一审判决之后，败诉的一方可能会提起二审，后续甚至可能会申请再审。也就是说除了受到当事人的挑战，被二审法官、再审法官改判或者发回重审，都是有可能的。在各项指标的考核下，使判决结果不被推翻，是许多法官的追求之一，如能得到二审或者再审的肯定，对法官来说，也是口碑和声誉的积累。

第三个预想较量的对象是社会公众。一篇判决书宣告出来之后，会得到什么样的社会评价，其实法官很在乎，因为一篇判决书要经得起历史和实践检验，必然免不了公众评价这一环节。

“我七岁的儿子王小五在街上玩耍，被办喜宴的老刘家放的爆竹给炸了，我要他家赔偿。”王小五的母亲义愤填膺地控诉到。

“爆竹都是往天上冲上去之后炸的。有一个爆竹却偏偏往上飞到一米左右，突然转向，与地面平行飞向她家小孩。这肯定是爆竹的问题，质量不合格，不是我家放炮的原因。小孩八岁了，近距离观看放炮，肯定危险，作为小孩的父母，有看管小孩的义务，因此作为父母也有责任。”办喜宴的老刘家把事故原因归于爆竹质量问题和小孩父母的监护疏忽。

为了查明案情，法庭把经销商店追加为被告。

“我一个小商店，又不知道爆竹是怎样制造的。之前也没听说在我这买爆竹出过事的。况且放爆竹的时候，要按照包装上的说明，到安全的地方去放，就在街道边上放，肯定不安全。”经销商辩解道。

似乎说得都有道理。如何进行权衡？法官需要再三思考，让天平始终保持平衡。作为父母到底有没有监护责任？作为办酒席的这家人，究竟对爆竹的燃放有没有尽到注意安全的义务？作为商家，是否能够确认自己的进货渠道是合法合规的？对爆竹的储存管理是否妥当？作为生产厂家，爆竹质量是否检验合格？等等一系列的问题。除了追问当事人，也是在追问自己，究竟怎样判决才能得到公众的正面评价。

为了使审判发挥引导公众行为的正确导向作用，法庭认为，老刘家办宴席应承担部分责任，理由在于没有将爆竹放置在安全地带燃放，在大街旁边燃放显然对他人人身和财产具有安全威胁；经销商应承担部分责任，对其售卖的爆竹具有质量保证责任，如其认为事故系爆竹本身具有严重的产品缺陷，可另行向生产厂家进行追偿；王小五作为无民事行为能力人，在乡镇、农村地带观看爆竹烟花燃放，乃人之常情，且保持了一定的安全距离，不应苛责；王小五的父母作为监护人，虽没有尽到完全合理的照看义务，但在本案中不应承担法律上的过错，督促其在以后的子女教育中要更加主动负责行使监护责任。

庭审见闻

庭审通常是在当事人之间无法调和，甚至是在法官主持之下也无法达成一致协议的情况下才进行的。民事案件进入庭审程序，对法官来说，也是一种无奈之举，但凡还有万分之一的可能，也要千方百计把案件终止在庭审之前。

进入庭审，第一感觉是严肃，给人一种冰冷感。当事人之间即使互相认识，通常也不会打招呼，全程下来没有人微笑，大家都板着脸。争辩以及无节奏的争吵又是庭审的常态，笑容在这里显得格格不入。

法官长期浸染在这种工作环境之中，慢慢便养成了不苟言笑的性格，甚至对于庭审期间发生多么惊天动地的事也很淡然了。比如“这个案子判不好，我就告到联合国去”“说好的会公正处理，难道法庭也是个骗子？”久而久之，泰山崩于前也面不改色，沉稳便成了法官个性的底色。许多第一次旁听庭审的人都说法官的工作太难做，太考验人了。

许多当事人对于开庭审理都有一些紧张，特别是被告，以为被人告了，就会影响一辈子。或者是对法律一知半解，以为在法庭上要是说错了话，就会被处罚，等等。他们只愿意独自跟法官陈述，不想在这种对抗性的环境下，与对方当事人面对面。事实上大部分当事人对庭审都很陌生，不知道开庭审理是干什么，对其中的诉讼程序也不知道该如何操作，而法律关于庭审的有些规定确实会让当事人产生一定的压力。比如说在法律上做虚假陈述，可能会面临处罚，处罚方式有罚款和拘留，严重的还可能触犯虚假诉讼罪。当法庭宣布这样的规定时，许多当事人都神情紧张，当然也有嗤之以鼻的。

影视剧里，庭审唇枪舌剑，特别是律师引经据典、口若悬河、滔滔不绝，令人拍案叫绝。然而那必定是精心设计好的，靠的是过程中的跌宕起伏，还有千钧一发之下的刀下留人，英雄般的个人魅力等。事实是绝大多数庭审并不“精彩”，甚至可以说枯燥乏味。你很难指望一方突然拿出一份神秘证据扭转乾坤，你也很难期待一位神秘证人突然出现，让一方转败为胜。何况，证据突袭并不为法律所倡导，证人未经法庭允许也不得出庭作证。至于辩论阶段的口舌交锋，是常有的事，但依靠个人临场发挥、狡黠的辩论技巧让结论发生 180 度翻转，只是偶尔有之，前提仍然是植根于事实证据和法律法规以及指导案例之中。影视剧中出彩的镜头，在真实庭审中出现的概率极低。

在案情相对简单的案件里，对事实证据的举证质证似乎不是庭审的重头戏，讲道理、互相埋怨指责才是。

工人：“老板，找你要工钱，你天天躲着我们，难道我们是猫，你是老鼠，我们能吃了你不成？”

老板：“你这个比喻不恰当，我们都是猫，都是在找猫粮。我是在找新的工程做，干好了，你们跟着我，又有事做了。”

工人：“光有事做，没有钱进，不饿死？你就说今天给不给工钱？”

老板：“钱肯定要给，但不是今天。下次赚钱了一起给，再说给你这点工钱，你也大富大贵不了，以后还有很多工作给你们做的，目光不能短浅，放长远点。”

女方：“天天游手好闲，喝酒赌博，没干一件像样的事，怪我当初瞎了眼，坚决要离婚。”

男方：“也不反省反省你自己，天天打扮得花枝招展的，想招谁惹谁呢？就是再寻下家，变心也太快了，变魔术都没你这么快。”

女方：“你不要无中生有，你再这样我翻脸了。”

男方：“你又不是第一次翻脸，你翻吧。”

庭审也并不总是在机关大楼，也可能在田间地头、在村部、在学校、在农户家。在这些地方开庭，总是有不少人围观。除了具有公众普法的意义，于案件本身而言，也更有利于查明案件事实，因为当事人一旦说谎，马上会被在场群众揭穿。

在一起因修水井截流而引发肢体冲突的人身侵权案中——

原告：“你推了我一把，致使我倒在地上，被地上的石头划破了皮。”

被告：“我没推过你，是你自己摔倒的。”

顿时人群中传来对被告辩解的质疑声。

被告：“我是拜过菩萨的人，讲假话半夜鬼都要来敲门的。”

话音刚落，人群中就有几个人大声说要作证，证明被告讲假话。

被告顶不住，丧气地承认推人的事实。

在大大小小的庭审中，现场气氛最凝重的莫过于在监狱里开庭了。即使在夏天艳阳如火，那里的气氛却也寒气逼人。

“别刺激他，尽量缓和一点，免得他想不开。”管教一再嘱咐。

“……你有什么想法和意见，可以说出来。”

被关押的当事人低着头一言不发，沉默了三分钟左右，抬头看了看我们，眼神中流露出无尽的迷茫，状态似乎处在游离之中。为此我们一直等，等到他打开心扉，根据以往经验，他需要倾诉，更需要有人听他倾诉。

法官如何审判

审判虽然有着程序化的流程，但在具体审判过程中，却不可避免要受到审判者个人性格、情感、世界观的影响。

作为个人，不可能生活在真空之中，父母熏陶、思想接触、社会经历等对一个人的观念和为人处事的影响不可避免。

一百个法官也许有一百种审判风格，审判的思路、说话时的语气、细微的眼神、对流程的引导等都可能构成法官不同的审理风格。有的法官着重于倾听，并不掺和当事人之间的争论。有的法官不喜欢一直听当事人说，喜欢按照自己的节奏来把控庭审。因而可以说一个相同的案件，换作不同的法官来审理，可能有完全不同的审理风格。这或多或少是法官的个人性格使然，使得审判模式有着差异化的特点，甚至在案件的处理模式上也会迥然不同。

比如在审理因交通事故致人身损害赔偿案时，A 法官经常在被告和原告（伤者）之间做协调者，希望被告在自己能力范围内多给予原告赔偿，同时劝导原告对飞来的横祸以平常心对待，学会放下，使双方不因纠纷产生怨恨；B法官在审理时主要考虑赔偿能不能及时兑现，居中裁判保证案件及时结案，使原告权益得到及时合法的维护，使被告在生活中更加敬畏法律。

于我而言，我更喜欢保持中立，倾向于让当事人充分表达。有些法官对于当事人之间的激烈争论，往往予以制止，严厉指责，甚至口头警告。但我恰恰相反，我认为只要不是纯粹的人身攻击，那么从当事人之间的激烈争论中，能够发现一些蛛丝马迹。因为人在情急之下，可能会吐真言，又或者能从中看到谁在说谎，以增强我对案件判断的自信心。

在具体案件的处理方式上，究竟多做调解工作还是及时开庭判决，从法官的角度来说，当然希望调解成功，调解最大的好处就是可以快速结案，最大可能地息事宁人。但从法律的教育引导作用和树立法律权威角度来说，及时判决更能彰显这一作用。高级别法院法官可能更在乎判决的指导意义，对基层法官个人而言，一般较少考虑判决的典型意义。

就审判过程而言，认定事实和适用法律是必经环节，也是判决最重要的内容。以原告起诉状中“自述的事实”为头道工序材料，经过加工，逐步转化为具有法律意义的事实。绝大多数案件不能通过亲眼所见、亲耳所闻或亲身感知来判断真伪，法官认定事实，只能通过间接的方法，即法律规定的证明手段和证明方法来查明。查明的“事实”是根据双方提供的证据，以及法律规定的证据规则、社会生活常识、社会伦理习惯，依逻辑和经验推理出来的事实，这个事实不一定是完全复原的客观事实，但是一个依照法律程序确认的“法律事实”，是判决的事实依据。这一过程中最主要的是通过审查证据来认定事实，而对证据的审查，基本围绕证据的合法性、真实性和关联性来进行判断。既然是判断，必然涉及心证，如何排除主观臆断，更为全面客观地从证据本身出发，审核证据的证明力和关联度显得尤为重要。

适用法律在有些人看来，是比较简单的事。他们认为法律就在那里，就像查字典一样简单。其实不然，适用哪些法律条文，如何适用，常常是合议庭有不同意见时争论的焦点。法律体系庞杂，法律规定繁多，其中很多规定都是不同年代制定的，语句行文之间也未必都能保持一贯性，规则与规则之间可能也会冲突，个人对法律的含义理解也不一定相同。

没有任何一个法官敢说自己对所有领域、所有法律都精通。即使有的法官觉得自己多年深耕某个领域，经验丰富，但不及时学习更新储备，仍然会在适用法律时无所适从，甚至出现错误。

法官手记

在法院七年，我先后辗转六个庭室：民事审判一庭、执行局、四个派出法庭。回想起来首先映入脑海的是那一摞摞卷宗，卷宗里有形形色色的人和支离破碎的生活。

送达是审判工作中最主要的工作之一。起诉状副本、应诉举证通知书、合议庭组成人员通知书、传票、调解书、判决书、上诉状等各种文书，还有通知和裁定都需要送达，送达有时甚至要花费整个案件办理三分之一的时间与精力。

一女方起诉，我们向男方送达起诉状等材料，告知其权利义务。男方躲在房间内坚决不出来，几经劝说，仍未说动。正好男方母亲回来，我们告知来意后，其母抱怨道："你们就不该收她的状纸。"我们把材料放在餐桌上，让其仔细阅读，依法行使其权利和义务，并拍照记录送达过程。当我们走出二十多米远之后，其母一盆冷水哗地就泼在她家门前的地上，嘴里还念叨着："那女人就是这祸水。”

还有一次，一工程老板欠供应商货款。我们找到老板，说明来意之后，老板问：“你们是什么级别？”

“我们就是普通工作人员，按照法律规定向你送达案件材料……”

老板说：“你们级别不够，叫你们头头来。”

我们把国徽戴在胸前，依照国家法律行使职责，有时却没能换来当事人的尊重。不仅如此，言语上的讽刺时常有之，更有甚者加以言语威胁和人身攻击，这更加激起了我们要充分利用手中的法律利剑，斩断眼前荆棘的决心。

记得一天下午，男女双方已经调解结案，和平分手，但女方深夜十点半左右给我打来电话：“我觉得这个调解书里面有些内容不公平，我怀疑你们不是法官，因为法官都是公正的，这里面写得不公正。”

我解释道：“协议的内容是你们双方协商一致确定的。法庭只是审查协议内容是不是合法，双方是不是自愿协商，只要双方自愿且协议合法，法庭可依法确认。调解书是根据你们双方之间一致的意见表达而制作的，这不是判决。至于是不是法官，你心里应该很清楚，也可以去核实，这个很容易。”

“我觉得对方应该赔偿我的青春损失，而且对方很有可能有第三者，虽然我没有什么凭证。我为这个家付出了太多，十年过去了，到头来我什么都没有，一切从头开始，这算什么？我不甘心……”

“当初你们在一起是为了幸福，现在分开也是为了幸福，过去的事就让它过去，不管你现在有多难，千万不要想不开，生活总是还得继续，只生活在怨念中于事无补，希望你尽快走出来。”担心她无法解开心里的结，做出什么傻事，我在电话里不断安慰劝导她，就这样竟然通话了近一个小时。

挂断电话，我也久久不能平静。当一个人的生活已经支离破碎，是否会有世界崩塌的感觉？又需要多久才能走出人生的雾霾？作为法官，每次办理这样类似的案件，除了哀叹人生之外，只能鼓励当事人树立起积极向上的人生观，时不时引用几句格言给当事人听。

法官深度参与了别人的一小段人生历程，但作为红尘生活中的一员，我也在应对纷繁复杂的纠纷中使自己变得从容。

我的亲朋好友几乎都不相信，法官是一个很辛苦的职业。他们认为，坐在上面敲一下法锤，多简单的事。他们没有看到我们有永远办不完的案件所带来的焦虑，在送达文书时遭遇的各种阻挠，在办理矛盾案件时所遇到的危险。

当然各行各业都有不易。有心理负担大的，如医生会遇到医闹，城管会遇到威胁；也有工作辛苦的，如清晨四点还在打扫卫生的环卫工人，四十摄氏度高温烈日下还在高空中作业的建筑工人。

但法官这个职业与其他职业相区别的是，法官需要处理的事情，似乎没有一件是开心的，当事人表情都是紧绷的，没有人把笑容带给法官。因家暴而请求离婚，因父辈去世而导致子女争夺遗产，因不守诚信而导致合伙解散。作为法官看到的是人情的冷漠、利益的争夺、虚伪的嘴脸。

正因各种社会负面事件汹涌来袭，法官如果不能坚守良知，势必会如堤坝被打开了缺口一样一泻千里，走上歪路。初干审判工作，我就常听多个老法官从不同角度谈到腐蚀法官的情形。有人想让你把天平秤砣往一边放，有人想让你睁一只眼闭一只眼，有人想让你助纣为虐，为此他们费尽心机，有施压的，有承诺给好处的。

于我而言，时刻谨记英国哲学家培根的名言："一次不公正的裁判，其恶果甚至超过十次犯罪。"长期在民事审判一线，处理的大多是一些鸡毛蒜皮的小事，诸如离婚、侵权、借款不还、违约责任等。或许是工作时看起来比较严肃呆板，加上案件标的额小，我既没有遇到明目张胆来给好处的，也没有私下来传话的，即使有也会被拒之千里之外。我们常说不忘初心，保持初心，对良知的坚守就是法官的初心。

这七年里，我同时也学会了控制情绪。有句话说得很好："一句话，没有说出口之前你是它的主人，但说出口之后你是它的仆人。"一个法官如果说出不适当的话，可能需要以百倍行动来补偿它带来的负面影响。

其次，我明白了细节的重要性。初次到法院工作时，我见同庭室的一位老法官总是给前来接受调解的当事人倒茶水，哪怕是当事人的陪同人员，他也一一倒茶水。我不解，心想我们又不是茶楼的服务员，其他年轻同事也不理解老法官的这种行为，认为这是跟法官身份不沾边的事。每到年底统计个人承办案件的调解率时，他的案件调解率总是名列单位前几名。当我向他请教经验时，他只说了一句话：从细节着手，比如倒水。我把这句话记在脑海中了。

通过自己的切身实践，我逐渐明白了要与人架起一座心与心的桥梁，不管这桥能不能通，先要去架起来。后来每每只要有人来，也不管是不是当事人，我都会倒上一杯水，冬天的时候倒上热茶。希望每一位来到这里的当事人，感受到的不全是冰冷和凉薄，也还有人情的温暖。

案件背后的思考

当越来越多的案件涌入法院之后，我在想当事人为什么要打官司，为什么要选择通过诉讼这种方式来解决问题。

老李与小王签订了房屋租赁合同，老李将自己位于乡镇街道的一套房屋出租给小王，并签订了一份内容简单的书面租赁合同，合同中约定了租期及租金，租期三年，租金为六千元一年。然而仅仅过了一年，老李就将房屋卖给了第三人丁五，并要求小王限期搬离。小王不同意，要求按合同履行，因双方协商不成，小王诉讼至法院。

就这样的案件而言，为何要诉诸法院呢？可能的原因是老李并没有把房屋租赁的事实告知第三人丁五。第三人如被告知，则可能影响房屋买卖交易的完成，第三人可能不会购买。这里面显然涉及老李的诚信问题，若如实告知租赁的情况，第三人丁五对此情况也知晓，并不反对，予以接受，则原有的租赁合同不受影响，那么本

案便不会诉至法院。

究其根源我们可以看到，老李的不诚信行为导致连锁不良反应，可以说提升个人诚信对于社会纠纷的减少是多么重要。

诚实守信是中华民族的优良传统，关于诚信的故事有很多，许多家规家训里面就提到了诚信是为人之本。如北宋著名理学家程氏兄弟的家训里就写道："人无忠信，不可立于世，不信不立，不诚不行，不诚无以为善，不诚无以为君子。"在社会主义核心价值观中，诚信一词也占据一席。如果你问我如何将社会纠纷尽量降至最低，那么无疑诚信是其中重要的一环。诚信是必不可少的人生素养和行为操守，是个人与他人、社会的一份契约，更是自己与良心的一个约定。如果一个人能够在日常生活中做到诚实信用，那么社会纠纷必然大大减少。

如果说道德义务有时难以约束个人，那么法律权威应当具有震慑力。《中华人民共和国民法典》（以下简称《民法典》）第七条明文规定："民事主体从事民事活动，应当遵循诚信原则，秉持诚实，恪守承诺。"该条明确规定了诚实信用原则。

诚实信用是一项古老的道德戒律和法律原则，审判者在审理民事纠纷时，应考虑当事人的主观状态和社会所要求的公平正义。然而实际生活中，许多人并不知道法律是怎么规定的。

如同上面房屋租赁的例子，如果老李清楚知道不继续履行合同，可能需要承担违约责任，又或者他知道法律关于"优先购买权"的规定，即出租人出卖租赁房屋未在合理期限内通知承租人或者存在其他侵害承租人优先购买权的情形，承租人可请求出租人承担赔偿责任，那么老李可能会根据预判修正自己的行为。也就是说如果公众对自身行为可能面临的判决有预期，则许多人可能不会选择进入诉讼程序。

诉讼案件的减少有赖于社会大众对法律的信守和遵从，正如法国思想家卢梭所言：“一切法律之中最重要的法律，既不是铭刻在大理石上，也不是刻在铜表上，而是铭刻在公民的内心里。”让无讼成为一种追求，必然要力争使每一位公民都成为法律的忠实崇尚者、自觉遵守者、坚定捍卫者，使尊法、信法、守法成为公众的共同价值导向。

何为司法公正

在社会转型、权利觉醒、观念更新等多种因素的影响下，纷繁复杂的社会纠纷越来越多以诉讼的形式涌向法院，民众对司法裁判的公正充满了强烈期待。

然而，对于司法公正，由于社会活动、文化传统、价值观念的差异，不同民族、时代、群体对公正的理解各不相同。

如对被告人是否应当判处死刑的问题上，一些国家的民众认为生命的拥有者都无权自我了断，国家更无权剥夺，死刑只是为了威吓民众，显示强权的力量。另一些国家的百姓认为非死刑不足以惩罚罪大恶极的罪犯，死刑能唤醒民众对法律的敬畏，达到预防犯罪的目的。

又比如这样的案件：约翰逊在警官伯伦背后开了两枪，导致其中弹身亡。法院判处约翰逊死刑。为了减少案件误判，该国法律规定了漫长的申辩期，从初次判决到最终执行的期限非常长，给犯人留有足够的申辩机会，也给司法机关留有纠错的机会。约翰逊被囚禁二十年后，死刑执行之日才终于临近。此时约翰逊已经七十岁，他多次中风，引发了痴呆症和记忆力缺陷，不能独立行走，说话也含糊不清，已经失去了和他犯罪有关的记忆——包括实施犯罪行为、被警察逮捕、被法院审判等，简言之，约翰逊此时已经忘记自己杀过人。此时是否应当按期执行死刑？这样的案件放在不同的国家处理，我想肯定会产生截然不同的观点，比如观点一：当一个罪犯已经无法理解为何他要被处以极刑时，对其处以极刑是不是就丧失了惩罚价值？观点二：被告人犯下罪行时是正常人的状态，他就应该为自己的所作所为负责，否则有违公平公正的原则。

即使在同一个地方，对于同一个纠纷的裁判是否公正，不同人的评价可能也会不一样。比如一个人在微信群里辱骂另一个人，有人就认为应当对辱骂人予以定罪，这样才算公正；有的人认为只要赔礼道歉就行了，毕竟只是口舌之快，无暴力胁迫的行为；还有的人认为，应当判令辱骂人给予受害人精神损害赔偿，这样才算公正。

究其原因，是每个人的思想观念不同，尤其是价值观存在差异，有人认为名誉比金钱重要，有人认为尊严最重要，有人认为对他人生命的剥夺永远不可饶恕，有人认为精神制裁大于身体制裁。持有不同价值观念的人对于同一个裁判结果是否公正，可能会有不同的判断。在悉尼是公正的事情，在伊斯坦布尔或者曼谷就不一定是公正的事情。

裁判公正都是法官通过一个个具体案件来体现的，俗称“个案

公正”。就具体案件而言，想要诉讼参与人能“跳出自身”，换位思考，甚至能站在法官的角度思考，非常困难。比如有些人主动起诉到法院，或者被他人诉至法院，一般都只求能按照他的意愿为其做主，至于是适用法律具体规定来定，是法官凭良心来定，还是依政策、习惯或者其他来定，他们统统不管，只要结果是他们想要的，那就是公正的，如果结果不合他们的意，即使法官适用法律准确，说理充分透彻，那也是不公正的。

白好与银花经人介绍相识，很快确立恋爱关系，后白好到银花家给彩礼和见面礼十二万元及金手镯、金耳环、金项链，当即银花的父母按风俗回赠八千八百八十八元及八条香烟。随后男女双方举行婚礼，但未到民政部门办理结婚登记。第二年年初，双方共同外出务工，因性格不合，时常争吵，时而分居时而和好，反反复复。至年底，双方因琐事大吵，银花一气之下回了娘家，再未与男方居住。

为此白好向法院提出诉讼请求：判令银花及其父母返还彩礼款十万元和三金。银花一家辩称：双方虽未办理结婚登记，但双方举办了结婚仪式，并以夫妻名义同居生活，对外已然是夫妻名分，彩礼的目的已经达到。男方提出分手返还彩礼，给女方的身心健康带来了严重的伤害和打击，让女方无颜面对亲朋好友。同时请求法官充分考虑双方已同居一年多、部分彩礼已用于共同生活及转化为共同财产等因素，送嫁妆、举办酒席等也已花费女方家庭大量时间、精力和金钱等现实状况。为此女方一家坚决不同意返还，哪怕一块钱也不愿意。

对此，法律明文规定：当事人请求返还按照习俗给付的彩礼的，如果查明属于双方未办理结婚登记手续的，人民法院应当予以支持。处理的一般原则是：对于男女双方虽未办理结婚登记，确以夫妻名义共同生活的，应当综合考虑双方同居生活的时间、彩礼数额、双方的家庭状况、财产用途去向、是否怀孕生子、过错责任，并结合当地风俗习惯、经济状况等因素，根据公平原则，酌定返还的数额。因此，法官既不可能按男方的诉求判决，也不可能按女方家庭的辩词处理，而是酌定支持一定的数额返还。但双方均不服，都认为法官不公正。

这充分说明对于同一个案件的裁判是否公正，每个人都有自己的判断。而法官努力追求司法公正，只能在个案中以事实为根据，以法律为准绳，严格按照法定程序，实现裁判结果公正。

裁判公正首先是建立在正确认定案件事实的基础之上的。例如，王某违约就应该承担相应的违约责任，但这里有一个重要的前提条件，那就是王某确实违了约。如果王某本来没有违约，法官却让他承担违约责任，那么这显然就毫无司法公正可言了。由此可见，追求实体意义上的司法公正，首要的问题就是要准确地认定案件事实。事实认定有误，实体公正就成了一句空话。

在有些人的心中，似乎案件事实总是非黑即白，然而，案件事实是发生在过去的事情，认定案件事实的问题并不像有些人想象得那么简单。恩格斯曾经指出："人的思维是至上的，同样又是不至上的，它的认识能力是无限的，同样又是有限的。按它的本性、使命、可能和历史的终极目的来说，是至上的和无限的；按它的个别实现和每次的现实来说，又是不至上的和有限的。”法官对案件事实的认定属于认识的“个别实现”，都是在完全有限的个人中实现的。因此，就每一个具体案件来说，法官对案件事实的认定都不是百分百还原。但只要事实认定未歪曲，便在司法公正的道路上站稳了第一步。

如前所述，既然世界上不存在一个让所有人都认为是公正的裁判，那就要对案件的裁判程序设置一些限制性规定，其目的是排除影响公正裁判的不利因素。学界把这称之为“程序公正”。比如法官不能审理与自己有利害关系的案件；又比如，限制“品格证据”，例如“以前做事都是讲诚信的，任何事都是说到做到”不能得出“本案中绝不会违约”的逻辑推论。在以法定程序保障实体公正的各项限制规定中，听取意见规则，即自己的意见是否能够充分表达，自己的声音是否能够被审判者听到，格外受到当事人重视。有了这些像紧箍咒一样的程序性和限制性规定，那么在“取经”的路上任性就变得十分困难。

有了精细化的程序过滤，裁判通常变得谨慎且保守，这也是很多法官看起来有点呆板的原因之一。诚然，裁判要考虑的因素很多，比如利益权衡、社会舆论、权威学说等，但落脚点终究在于法律规定。法官是法律的适用者，也只能在法律的池子里游梭，不能越池而为。只有认准法律这根绳子，方能最大限度保持司法公正的底色。

寂寞转身，奔赴自由

2018年6月4日，阳光明媚。我拿着辞去公职申请书交到政治办公室，步履坚定有力，没有片刻犹豫。

人民法官，多么亮眼的社会身份，当别人问起我从事什么职业时，我总是轻描淡写地说："法官"。这时总会看见别人不一样的目光，或夸奖，或吹捧，或点赞，当然也有人说是不是吃完原告吃被告的那种职业，但眼神里仍有一丝敬畏。

小时候看电视剧《包青天》，觉得坐在公堂之上才是正义的化身，那时便心生向往。大学时选择法学专业，在法律世界的海洋里，在刑事庭审的观摩中，马克思那一句"法官是法律世界的国王，除了法律就没有别的上司"，树立了法官在我心中的高尚地位。如今，如愿成为法官，又艰难入选员额法官的我，竟然要放弃法官这份职业，放弃审判台。有人说我的决定有问题，能进入法院工作已属不易，何况还是员额法官。当然更多声音还是对这份勇气

的佩服。

自从干起审判工作，我便习惯了晚睡，脑海里充斥着判决之后是否胜败皆服，上诉之后是否被改判，某个案件是否被关注等。白天审判别人，到了晚上，内心中一直在审判自己。审判工作本身严肃压抑，能够化解矛盾，让争议双方握手言和，一直是我追求的美好。

三更半夜才想到睡觉的人，大多白日艰辛。说起法官的艰辛，在发达地区，案件繁多可能是重要因素，在欠发达地区，案件量虽然少一些，但工作压力也同样使得法官喘不过气来，法治观念深入人心的道路还很长，处理案件的方式常常要借助社会活动家乃至政治家的思维，得有领导视角、公众认知，会察言观色，善换位思考，会动员斡旋，这恰恰是较难把控的地方，善用者疲惫不堪，不善于或不屑于使用者，也往往焦虑憔悴。许多法官早生白发，我自己的身体状况和精神状况也出现了预警信号，增白发，升血压，下班后做什么事都欠缺热情，这迫使我开始重新思考人生。

为了让工作时紧绷的神经放松下来，我喜欢游山玩水，因为山的沉稳和水的灵性让人的内心不再浮躁，远离喧嚣也更容易让人思考人生真谛。古朴悠远的小镇，小桥流水，长街曲巷，卷起千层浪的大海，仙气飘飘的山顶，亲近大自然就会让人好生欢喜，感受到不动声色的静美和波涛之后的岁月安好。

一路走来，反思自己走过的每一步路，那些生动而真实的回忆已化作云烟，曾设想如果回到当初从事法律职业的起点，我会怎样。仔细想想，我确定会把曾经干过的事再干一遍，少年时就是那样的沸腾，身上有热血青春，有笑有苦，有抱怨也有喜悦。

曾记得与几名同事去争议现场勘查，一路翻山越岭，山路崎岖，又因不识路、语言不通，一路走走停停，驱车四个多小时才来到争议现场。山里信号不好，到了目的地联系不到一方当事人，四处向村民打听，方知其在对面山上砍柴，一望那山，心都凉了，那山与地面简直快成九十度角了。我们二话不说爬山去找，六百米处终于找到当事人，勘验完对方又拒不签字，口水都说干了才勉强签字。正当我们启动车辆准备返程时，当事人又追了过来，解释工作无限次循环。一路上回味办案的过程，大家都觉得年轻就应像这样打了鸡血般的热情投入，晚上十点多才吃上晚饭。与同事们共同行走在基层法治路上，年老时必定回忆满满。

曾记得原告一个电话打来，说被告回家了，务必去送达，明天一出门，可能以后再难找到。即使是星期天，还是晚上五点多，也没有客车，为了使诉讼顺利进行下去，我一个人骑着摩托车马不停蹄地飞奔过去，因路途远，到达时已是晚上八点。

曾记得……太多太多。

许多法律人辞职都说因为办案压力大，工作量与待遇失调，晋升空间狭小等问题，其实这也是许多行业的共性问题。许多职场人都是在负重前行，比谁更苦更累，并没有丝毫意义。

一直在基层第一线工作的我，也曾觉得憋屈，也曾千般期盼得到某些认可，但越走越发现世界是自己的，活在各种评价里，可能会迷失人生的方向，慢慢竟也变得淡然。偶有旁人说：“凡人在乎名利很正常，因为是凡人，所以在乎，所以要争。”我想争也罢，不争也罢，能如何，不能又如何。想起《红楼梦》中的林黛玉，倔强甚至带有小家子气，不讨众人喜欢，虽说命薄，可对于她自己是不负此生的。于我而言，生活在尘世，理解世俗也并非要逃离，身体上的清爽和心灵上的滋润确实是尝试转换人生跑道的启动器。

从内心而言，很感谢这个时代，它让人有千百种活法，你今天是法律人，明天可能是文字工作者，后天可能突发奇想创业去了，尽管干什么都得努力去做，但至少有得选择。

也许只有具有自由气息的时代，方能孕育出自由的人群，而人群的自由必定会刻画出五彩缤纷的人生。尽管前行的道路仍将面临苦累，但我坚信只要一直积攒能量，使自己变得强大，就有勇气去过自己向往的生活，那必是自由、洒脱、热情、温暖的。

我的律师之路

为什么做律师

在辞去公职之前，我对于辞职之后要从事什么职业，已经有了心理准备，那就是律师。在从事审判工作时，我也常与律师有工作接触，对律师的部分业务有着一定的了解。也曾专门请教过一些律师对这份职业发展前景的看法，收到的反馈竟是截然不同的。如“律师是一个典型的二八行业，百分之二十的律师攥着百分之八十以上的案源，吃走了大部分收入，剩下的百分之八十在百分之二十的案子里苟延残喘。想进入那小部分比例里，得花很多时间精力。有些律师干一两年，就退出律师职业了，因为太难了，长年没有收入来源，只能转行”。也有人说：“经济高速发展，对律师的需求越来越大，只要沉下心扎住根，没有干不好的，收入肯定很可观。”

自己对各种反馈进行了分析权衡，认定除了干律师职业，目前没有更好的选择，也想着即使以后要去干别的事业，这份工作也能够让我比较平稳地过渡，不至于乱了阵脚。后来通过自己的切身实践，认识到律师行业总体上归属于服务业，劳心劳力，为了解决他人的烦恼和纠纷四处奔波，没日没夜加班看案卷，苦口婆心跟各方分析解释，有时还不被理解，受夹板气。

律师是很有挑战性的工作，这几乎是从事法律职业的人一致的认识。

法律是律师赖以生存的专业之本。要干好律师这个行当，不仅要掌握实体法，还要精通程序法；不仅要熟悉写在纸上的法律，还要了解习惯和风俗；不仅要精通国家层面颁布的法律、法规、规章，还要了解地方制定的法规和规章，更要了解最高人民法院、最高人民检察院的司法解释、指导案例。所以仅凭大学期间所学和考试所学的法律知识，对律师工作而言，是远远不够的。年轻律师可能够勤奋、够聪慧，但经验和技能或有欠缺，也可能情商不够。年长律师可能有人脉资源也有经历，但法律法规更新速度快，不经常学习，便要落后于时代。无论你处于哪一个年龄层，挑战都是无处不在的。

从稳定工作中勇敢跳出来的人敢于挑战，具备冒险精神，骨子里应是有冒险基因的，而律师工作充满不确定性，刚好能孕育这样的基因。

与此同时，时代发展潮流需要律师发挥作用，而个人从事律师职业也刚好能满足物质需要及实现个人价值。

从时代进程来说，我们国家正在建设社会主义法治国家、法治政府、法治社会，依法治国已经成为国家的基本方略。律师在法治国家建设中的作用将越来越明显，也越来越无可替代。在经济、文化等社会各个领域，到处都可以见到律师的身影。

从个人方面来讲，律师也是一个职业优选，学历、专业知识和准入资格考试的门槛，使得只有少数人才能从事这一职业。律政剧中对律师的形象定位，都是西装革履、精神饱满，谈起律师都说是精英律师。即使没有电视中描述得那么好，维持一个体面的生活应该不成问题，只要耐住寂寞，熬过痛苦，必将柳暗花明。

从事律师职业，也是减少家人反对声音的原因之一。之前辞去法官公职，家人不理解，不理解归不理解，但好在家风开明，向来尊重个人选择，反对的声浪较为平静。妻子虽说也反对，但在我“我身体状况已经报警了，不干点相对自由的事业，精神可能也会抑郁，到时可能人生路上只能陪你走到一半”，诸如此类的言语轮番轰炸后，她也释然了。

不少人选择做律师，有一个非常重要的原因：自由。对我来说，在重新选择要从事的职业时，自由无疑是十分重要的考量因素。当然我也明白，律师的自由并不是我行我素、非常散漫的自由，而应是建立在高度自律、自我管理基础上的自由。自做了独立律师后，所谓自由也是一种“相对自由”，不用按时上下班，好像什么时候工作，什么时候休息都是自己说了算。但现状是律师们时常加班到深夜，从不拘泥于某一段时间某一个地点，在律所、在家里、在车上，吃饭的时候、外出游玩的时候、别人睡觉的时候。“日出而作日落未息”也是常有的事，虽然辛苦，但却充实。

很多看似重大的选择，其实都是水到渠成的事。这句话也许诠释了我选择从事律师职业的原因。

野蛮生长

不管你之前从事什么职业，哪怕你是六七十岁的人，只要进入律师这一行，就得从实习律师开始，系统学习执业技能和执业风险。

我进入的是一个小律师事务所，一个不到十个人的县城小所。合伙小所是县城律所的常见存在形式。虽然有指导律师指导、律所管理、律师协会的培训，但主要还是依靠自己成长。原先在法院工作，年长的同事和领导，总希望你能快点成长起来。但进入律所后，很少有人关心你的成长。后来接触越来越多的同行，才知道律师大多是一个人野蛮成长，特别是在小县城，更是常态。

《中华人民共和国律师法》（以下简称《律师法》）第四十一条规定："曾经担任法官、检察官的律师，从人民法院、人民检察院离任后二年内，不得担任诉讼代理人或者辩护人。"因为有该条关于从人民法院辞职做律师两年内不得从事诉讼业务的限制性规定，使得我在从事律师职业前两年将以学习业务为主。我请教了一些从业多年的律师前辈，对于如何做好业务予以指导，得到的答复大都是专业知识问题可以去学习、去理解、去钻研。但如何使自己有更多的收入来源，是一门大学问，这里面涉及做人做事的问题。即使如此，对我来说进入一个新的行业，必然也要去了解学习新的业务知识，否则没有真才实学，根基肯定不稳。

尽管对新入行可能面临的困难有些心理准备，但我对可能遇到的问题仍然有一种焦虑感，同时还有一种想要有所作为却心有余而力不足的无力感。为了应对这种焦虑感，只能不断突破自己。除了阅读法律著作，听同事的实务讲解，我也同其他同业人员进行交流，试图通过他们的成长来找到一些职业发展方向及机会。我还自行在网络上搜索那些在三五年之内就成长起来的律师，是如何在律师行业一步一步站稳脚跟的。

当然，我始终坚持最为重要的还是提高自己的业务技能和业务知识，因为能不能让当事人信服，把案子接下来，是律师的首要任务。

在长沙进行实习律师培训时，我就听到同行说实习律师在实习时如果能碰到这样一份工作就非常不错：工资最好高一点，至少能维持自己的基本生活；经手的案子都是新鲜且有挑战性的；最好还不用加班。由此可见，大部分律师在事业初期都很困难，浅薄的收入，甚至入不敷出。

我也是如此，一切费用都得自己承担。后来我通过打听，知道大部分实习律师都是这样的。也有一位前辈说实习期有没有挣到钱并不是那么重要，最重要的是尽可能地去接触业务，什么类型的都做，迅速积累经验。其次是尽快了解职业风险，把这两点做到了，实习就算成功了。虽然这话有点心灵鸡汤的味道，但也不无道理。尽管在经济来源上捉襟见肘，但我所在的实习律所，无论主任、合伙律师，还是专职律师，心肠都很好，为人坦率，因而律所人际关系和谐而融洽，这给了我很多温暖的力量。

我自认为是一个较为内敛的人，又经过法官职业的打磨，平常少言且慎行，在待人处事方面显得不够圆滑。有人说干律师这个职业就得八面玲珑，跟人打交道就得像球一样滑着来。因为这个说法有很多人说过，我也多次怀疑自己是不是适合干律师这一行。

然而初次委托的一个案子，让我认定正直诚实的律师一定有市场。当事人跟我约了面谈，我给他做了一个全盘分析，胜诉的概率，需要据理力争的点，可能面对的风险，等等。虽然也想过他可能听了我的分析之后，转身就委托他人。但我始终觉得做人做事诚实一些，自己也会心安一些。果然，这事结案后得到了当事人的肯定。委托后，他说他喜欢与我这种开门见山、不藏着掖着的人打交道。这次委托让我坚信老实本分甚至看起来有点傻的人，只要做人真诚，做事尽心，就可以在这个行业立足。

一路走来，我一个人像一棵杂草一样成长，但一个人始终无法走远，这是不言而喻的，必须使自己一个人就像一支队伍，用自己的头脑和心灵，为自己招兵买马。

从焦虑到平静

网上曾有这么一个问题：为什么很多律师喜欢高频率地发朋友圈，记录自己的工作过程？我想除了宣传做广告，可能就是焦虑使然。很多外行人无法理解律师的焦虑，认为律师是高级白领，哪有什么太多的焦虑。

其实不然，年轻律师中除了少数事业稳定的，大多不敢说自己已经事业有成了，案源不固定，客户也并非一成不变，也许在秋天，也许在明年，才会有一个客户。而在朋友圈晒培训、社交、工作过程、学习，展示的是一个充实而忙碌的过程，其实心里还是很焦虑。

自从别人知道我是从法院辞职出来做律师后，经常有人问我法官与律师相比，哪个压力大一些。其实各行各业都有压力，快递小哥怕差评丢件，商界大佬也有一夜之间血本无归的。比谁压力更大，根本没有上限和下限。

法官对案件无从选择，案件分到手上就得办，管不了背后的干扰因素。有些群体性事件纠纷，长期遗留下来的涉及重大利益纠葛、敏感问题的纠纷等，这类案件来到法官办公桌上，没得选，只能硬着头皮审。又比如暴力案件，典型的如涉及家暴离婚案件，重大伤害事件，甚至杀人事件，也是让法官较为头疼的案件类型。

有人说，法官按自己对法律的理解判断就可以；还有人说，法官是正义的化身，不用考虑那么多。然而法官虽是一类相对封闭的职业化群体，也不可能生活在真空中。

律师对案件还是有得选，除了指定法律援助之外，可选择接，也可选择不接。有些年轻律师会说，案件来了就接，根本没有选择余地，因为无案源就可能会面临腰包空空。

对案源的追逐，使律师有了区别其他法律职业人的显著特征。也正是因为案源，我从县城律所转移到了省城律所，想去尝试和探索。当然，因为案源焦虑，以后还会不会转移阵地，并不可知。有时想想，竟有种先前游牧民族逐水草而居的感觉，水草如案源，哪里水草青青，就策马挥鞭而去。甚至有老律师也打趣道："执业这么多年，不是在焦虑，就是在焦虑的路上。"

除此之外，律师的焦虑还表现在案件的把控方面。就诉讼案件而言，即使一个律师对一个案件有充足的把握，但在未经庭审直至判决前，始终是焦虑的。一个案子怎么处理，一定程度上取决于当事人，一定程度上取决于律师，但归根结底还是取决于裁判者。按理说，只要自己所代理的一方满意，至于过程和结果是不是律师本人满意，都没那么重要了，但实际情况是，代理原告，便想要诉求得到法庭支持；代理被告，便想要辩驳得到法庭采纳，这才是心理常态。然而律师只是基于委托才成为“车链上的一个节点”，对车轮的滚动作用有多大，取决于多种因素。如与裁判者对某条法律规定的含义理解是否一致，如有差异，结果可能也就南辕北辙。这种不可控性，对于律师来说也是焦虑的来源，即使想尽各种方式，这种不可控性仍不可避免。

自执业以来，我一直主打诉讼官司。做一名依附在律所但独立的诉讼律师，独立就意味着收入、社保、办案成本都要自己承担。对于独立律师来说，没有案源就没有收入，吃了上顿，担忧下顿。当然这也是当今众多独立律师，尤其是刚执业律师生存状态的真实写照。在这种状态下，人的内心难免被焦虑缠绕，有些同行因为忍受不了就退出了这一行业，选择做公司法务或考取公务员，或者干脆经商去了。

对于我这样从稳定的公务员队伍出来的人，性格里蕴含着挑战的基因，选择的道路不会轻易放弃。有时我认为做律师从侧面来看，其实就是一种创业！看那些成功律师走过的路和所经历的挫折，跟摸爬滚打的创业有何区别。因而我下定决心忍受困难期，积极铸造自己的专业利剑，凭借专业能力赢得以后的长足发展。学会沉淀，根基才会更稳，对在执业过程中看过的书、办理的案件，静下心来思考和总结。

从心理学角度看，焦虑实际上也是促使人进步的一种心理行为，这种行为显示出你没有放弃自己，你在担心自己的现在以及未来。只不过，有的人心理承受和调节能力不够，引发过分焦虑导致心理疾病。但即使是失败，也可以是经验和教训的积累。如果把未知的生活比作是一盒盲盒，在打开盒子之前，我们也不知拿到的东西是什么，是好的还是坏的。与其担心结果，不如享受拆盲盒过程中的那种期待。

从哲学角度思考，不管你处在何种人生状态，哪怕是世人认为的人生巅峰，焦虑也是在所难免的，何不与它和谐相处？结果很重要，明天很重要，但做好现在，才更重要。

专业与情怀并重

依靠专业性进行服务的律师职业，怎样强调专业能力都不为过。

某年深秋，老李找到我，说他新买的房子需要进行室内装修，经人介绍，就找到一个长期从事房屋装修的小戴来为他家进行室内装修。口头达成装修协议后，小戴就带了几个工人到他家装修。其中有个工人叫小海，在拆墙的过程中被墙体零碎泥块砸伤了，伤情比较严重，产生了医疗费等费用，他询问自己有没有责任。

根据我的专业知识和经验积累，脑子里立刻产生了这几个问题：本案的法律关系属于劳动关系、劳务关系还是承揽合同关系？如果伤者要起诉就得确定明确的被告，是告房屋主人老李还是工头小戴，还是两人一起告？这个案件中要具体分析房屋主人老李、工头小戴和小海之间的法律关系，才能准确认定谁应承担小海的损失。

我分析道："工头带领工人从事具体装修工作，指定工人从事房屋装修，由工头向工人发放报酬，因此工头的地位相当于劳务关系中的雇主。那么房屋主人是否也要承担责任呢？房屋主人以接收装修成果为目的，面对的是工头，这就是合同的相对性，你的对面是工头小戴。你就是承揽关系中的定作人的法律角色，对工头小戴选择什么人来施工并没有决定权。一般情况下，房屋主人如果认定为定作人，是不需要承担赔偿责任的。如果认定为劳务关系，那么施工人小海在提供劳务的过程中受伤，工头小戴和施工人小海作为劳务关系中的双方，应根据自己的过错程度承担相应的责任。"

老李对我的初步答复和简要分析颇为满意。这让我体会到律师的工作就是要准确理解当事人的意思，然后根据有关法律法规给出合法合理的参考建议。作为专业律师，也不见得对所有法律问题都有深入的参考建议。即便是在自己所擅长的专业领域中，也很可能会遇到之前从未遇到过的问题，无法给出中肯的答复。因而对法律的深入研究永远是律师的必修课。当然法律细分领域繁多，公司法、劳动法、知识产权法等，都是需要投入大量精力去研究的，甚至有些法律法规之间彼此并没有太大联系。只有专攻某一两个方向，才有可能在这一领域上称为专业。因而钻研一两个专业，兼顾其他领域，是我努力的方向。

除了对专业知识有充分理解之外，对实践中的做法有充分了解，我认为也是十分必要的。法律实践中的许多问题并非是非对即错、非黑即白的。有些问题存在极大的争议，各地在法律实践运用中也有许多不同的做法和经验总结。一个专业的律师不是纸上谈兵、背背法律条文就完事了，而是需要靠足够多的实战案例一点一滴积累起来。

在这几年的律师实务中，我发现对案件走向进行预测，或者说对可能出现的结果进行预判，是当事人最关心的内容之一。如危险驾驶罪中，大概的量刑幅度是多少？罪轻辩护有没有可能争取到缓刑？可否取保候审？等等。又如民商事案件，根据一方描述的案件事实，初步预判该案件属于何种法律关系，应受哪一部法律所调整，单方面自述的案件事实又与哪一部具体法律条文规定的要件相符合。这都需要掌握足够的专业知识和实务经验，才能做出较为符合预期的评估参考。当然，做出的这些初步预判和评估并非就一定是准确的，这与其他法律职业人（如检察官、法官）的法律素养、职业经验、知识结构等因素的差异也有关，法院做出的最终决定也许超出预期，也许不如预期，都是意料之中的事。

追求专业的长足进步，是为了在提供法律服务时游刃有余，获得更多的物质利益。有时我会扪心自问：律师工作除了赚钱，还有情怀吗？情怀在词典里有一种解释是“高尚的心境”。如同爱的意义，情怀的意义是用来丰富情感世界的，山腰高喊倾听回音，余晖下倾听海浪声，无不是情怀在荡漾。情怀于我甚至是一种执念，让我在一些困难的环境下依旧坚持自我。

律师的工作跟法条、调查、判决、司法机关这些联系在一起，看起来枯燥冰冷，没有情怀能长久做下去吗？近日重读《律师法》，似乎有了答案。《律师法》第二条规定："律师应当维护当事人合法权益，维护法律正确实施，维护社会公平和正义。"该条明确规定了律师应负起社会责任。从这个角度说，律师的情怀应当是忧国忧民的，对社会怀有担当。当然这种担当主要是以个案来体现的，融入律师做人做事的每一处细节当中。

法治社会建设，是一股时代潮流。作为一线践行者，我每办一个案子，就仿佛是经历了别人的人生，想其所想，悲其所悲，欢其所欢。见证了一个个鲜活的人生，亲历了各种千奇百怪的案件，切身体会到人们因为合法权益受到法律的保护而信仰法律。因而我并不是孤独的前行者，我在做的工作正在改变很多人的生活方式和生活理想，细微小事做好了成就感也十足。

可如何将细微小事做好，除了专业、技巧、策略之外，是否也需要情怀呢？

有位不知名咨询者的一句话点醒了我："你的分析很专业，但是我们心里的那种苦，你体会不了。"这句话让我震动了一下，事后我一直在想，沟通本身也没什么问题，自己一味地从法律角度询问损害原因、过程、责任大小，可还欠缺一点什么？思来想去，应该是未能设身处地感受他们的遭遇，所以给人一种冰冷刻板的感觉。

哲学家罗素说，他的一生被三种单纯而强烈的感情所支配——对爱的渴望，对知识的追求和对人类苦难的怜悯。律师工作更需

要悲悯情怀，获得当事人的信任，有时不仅是专业知识，更需要我们悲天悯人的心怀，愿意将别人的事情当作自己的事来关心，关心他们的病情，感受他们的挫折，才能让律师的工作变得有温度。

一边温暖，一边照亮 

在一些社会事件的评论里，谈起对律师的印象，就是“讼棍”，只顾想尽办法攫取金钱利益，根本没有立场可言。固然，律师也要挣钱满足生存所需，但除了挣钱，律师也要找寻人生价值。从事律师职业的价值之一是帮助真正需要帮助的人，帮他们从困境中走出来，从迷茫中重新找准人生定位。每一个人都有可能遇到困境，都有可能惊慌失措，能借用自己的职业帮助到他人，哪怕最后结果不如意，但能站在当事人的角度，依照当事人所处的环境，想他所想，做他想做，为弱者发声，为公平正义尽我所能，至少也可以温暖他人。如果还能达到维护当事人合法权益的目的，那种成就感和自豪感也能缓冲职业本身带来的疲惫感。

执业之初，咨询法律问题的人接踵而至，线上咨询、线下咨询、通过朋友转达咨询等，我想着自己刚起步，也没有太多事情，就知无不言，言而无尽。但有些人的咨询实在让人沮丧，丝毫体会

不出人性的温暖。

小佳："律师，我向别人借了一笔钱，约定有利息，但是我不想付利息，有什么妙招吗？"

我："做人做事还是要有诚信，怎么承诺的，就怎么做，如果确实有困难，你可以与对方协商，否则对方可以起诉，只要利息的约定不违反法律规定，最终也得付利息，败诉还可能增加你的诉讼成本。"

小文："律师，我在银行办了个信用贷款，没有抵押，现在逾期两个月了，请问下有没有什么办法不还？或者只还一半？"

我不想再回答了，品行的沦丧会导致对法律缺乏敬畏之心，他们不知道律师是维护合法权益的，不是为非法行为和不道德行为找理由的。

怨言也是客户咨询诉说的主要内容，如"老公一天只知道游手好闲，完全不顾家，家已经名存实亡""我辛辛苦苦把他们养大，现在一个月给那么点钱，打发叫花子都不够呢""我和对方是好朋友，讲好了干事业要一起干到底，现在才干一年，就讲要退出，西天取经都要经历八十一难，一点点困难就接受不了"。虽然时常遭受怨言的轮番轰炸，让人感叹人情凉薄，但保持自己内心的温度，也是保持工作热情的助力。

还有多次咨询后，询问对方是否有委托意向，就杳无音信了，甚至有转身就委托他人的。还有已经委托他人了，却跑来问："我认为我委托的代理人说得不对，想问问你有什么看法？"

后来我就树立起"为知识付费"的咨询原则，"吓跑"了一些咨询者，一听收费就没下文了。当然也并不是一概收费，对亲朋好友该免还是免，对一些弱势群体也还是不求回报地义务性回复。

即使自己在从业活动中感受了冷水洗头的感觉，但还是以热情拥抱生活。因为法律本身并不是冷冰冰的，恰恰是给人温度的。换句话说，法律本身来自对社会生活的提炼与加工，再融化于社会，自然是有温度的。律师紧紧拥抱有温度的法律，必然也该热情似火。

执业之初我是非常排斥接触离婚案件的，也许是在做法官期间，从未间断对离婚案件的审理，有第三者的、家暴的、长期吵架的、一方因犯罪被关在监狱的、吸毒的、长期联系不到人的等，当然还有因接受新的婚恋观念而离婚的。办理这些案件，非常影响个人的情绪。

每一段婚姻的崩裂，都会对无过错方、孩子以及双方的家庭产生难以弥补的影响。特别是因家暴而离婚的，起初女方一次次选择容忍和妥协，后来家暴程度愈演愈烈，语言辱骂不堪入耳、威胁恐吓触目惊心、身体伤害不堪入目。对孩子而言，即使没有受到家暴的伤害，每天目睹家暴的发生，对他的心灵和成长都会造成深远的影响。婚姻让我感受到了更多人情冷暖，受伤者需要法律的保护，受伤的心灵也需要温暖，给予她们对未来美好生活的一丝微光，照亮前行的路。我又重新拾起了对婚姻家庭案件的关注，不因为案件的难易之别，逃避“头痛”的案件，案件无大小之分，也无好坏之分。既然选择做有光之人，不能只选择照亮干燥的路面，也要照亮湿滑之地。

就像有些演员在演完一部戏之后，久久不能从戏里走出来一样，律师也会因为多次参与一小段人生，而影响到自己的身心。近来听到年轻律师猝死的消息，脑袋像被人用榔头捶了一下，悲从心来，久久不能平静。我在三年多的律师职业道路上，深刻感受到了律师执业的艰难困阻和酸甜苦辣。

记得某年新认识一位同行，开朗率真，跟她在一起，不管是谈案还是聊生活，都能让人感知生活的美好，如一缕阳光，温暖并感染我。我以为她是温室里长大的花朵，她的生活一定是无忧无虑的。后来才得知，她早就离婚了，一直是一个人生活，儿子在外读书也极不争气，但这些生活中的沉重她从来都是轻描淡写、一笔带过。正是这种内心有光的人，熏陶了我，要温暖自己，才能照亮别人。

与客户共生共长

律师的法律服务工作是始终离不开客户的，如何与客户共生共存是一门艺术。

一客户约见，寒暄两三句之后，还没说具体案情，对方劈头就来：“你在某某法院有没有认识的法官，可以关照一下的那种？”

这不是第一次有人这么问了。根据以往对客户的观察，一来就这么问的，大概率无法达成委托意向，因为他的潜意识里认为关系才靠谱，什么法律恐怕都得“靠边站”。

我说：“没有，你要相信法律自有公道。”

“那你能不能去找点关系？”他似乎根本不在乎我抛出的法律话题。

“不能。就算认识，也不会去托关系。为啥老想到找关系呢？你还是说说具体案情是怎样的，看看法律对你这个事是怎么规定的，应该怎么处理才好。”我说。

“我就想找个有关系的律师，如果你没有，那就不浪费你时间了。”他坚持着他的“坚持”。

我们的交流显然不在一个频道上，当然也就没有下文了。但我心想，他那么坚信“关系”的作用，让人有点悲哀，也许一次公道的法律实践可以改变他的观念。

律师与客户能共生共存，需要客户与律师有一种共同的朴素观念，即客户的问题进入法律领域后，客户与律师都相信法律可以帮助解决，基于这一点，双方才能建立精诚合作的关系。

有了对法律的共同遵从，根据我的实践，在处理好与客户的关系上，有两个方面是非常重要的，一个是体验感，一个是同理心。

首先说体验感。有时律师的专业能力并不容易被客户感受到，就像医生给病人开了一些药，可病人也不知道医生的医术是否真正高超。得经过一天、一个星期或者更长时间，病情有了好转，才会认可医生的专业。即使能马上感受到律师的专业，若是体验感差了，也会影响服务。就像去茶楼喝茶，也许茶是上品，口感俱佳，可服务员爱理不理、态度不佳，也会影响喝茶的感受，下次可能就不会再去了。法律服务也是一样，短时间内也许并不能看到成果，但体验感却是每一次都能感受到的。因而我把体验感看得格外重要，每次面对面交流，每次电话交流，每次文字交流，力求做到既具有“拉家常式”的身心放松，又具有会议会谈时的认真严谨。

其次是同理心。假如我是客户，我会怎么做，培养换位思考的习惯。律师业务的成熟，首先是要站在客户的角度考虑客户的需求，在不同场合和不同客户进行接触沟通时，能够了解对方的感受和情绪，甚至能代入客户所处环境之中。为此我与客户一起发掘案件事实和证据，一起梳理案件过程，一起理顺事情的来龙去脉，在调查取证过程中与客户一起跋山涉水，切身体会客户所思所想，尽可能站在客户的角度制定策略和方案。

体验感和同理心虽是提供法律服务的“空气清新剂”，但客户的最终目的是解决现实问题。他们眼前的难题，需要律师以精湛的专业能力帮助他们解决。但对律师有没有能力达到心中预想，则有疑问。如何打消顾虑，让双方有信心取得预想结果是一道难题。一般情况下，还是应当对客户坦诚相待。分析利弊和优劣，结合案件事实、证据、法律规定、先前案例给客户提供可能的案件解决方案，并提出专业化建议。

有法律服务需求的客户大多还是相信“专业的事情还是要由专业人士来做”这句话。但是有种情况，即客户明白了怎么做，可能转身就走了。我的实践经历中确实也有这种情况发生，难免让人有些沮丧。但即使如此，我也很喜欢一位律师同行所说的话：“委托服务能不能定下来，讲究一个‘缘’字，莫强求。”

是啊，一切无愧于心，莫强求。

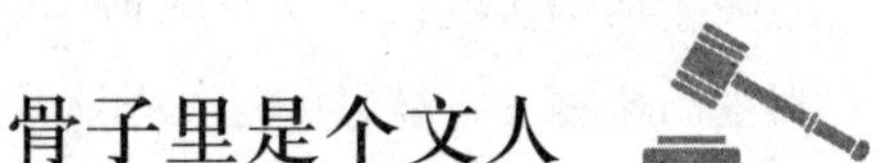

骨子里是个文人

20 世纪 80 年代中期，我出生在湖南省西部地区的一个小山村里。与我同龄的同村人能完整读完初中的为数不多，能继续读完高中的屈指可数，更别说上大学了。

对村里人来说，像我这样念完大学出来的人，算是文化人了。在他们眼里，我是可以拿着笔杆子生活的，不用田间劳作，也不用去工地上搬砖。正因如此，我便不自觉地把自己归为村里走出来的文人，虽然自己也并不知道什么样的人才算是文人。

在外地，和刚熟悉的朋友聊天时，大家会很自然地问起彼此的家乡是哪里。当提起我的老家时，我就会说，一个小山村，属于湘西，是一个神秘的地方。有时我兴致好，就会讲起来："我们那里到处都是山，山里面漫山遍野的花，山泉水随屋而过，房子就建在山水之间。房屋周边都是花草丛簇，小鱼儿多的是，夏天在小河里抓鱼，最是有味了。秋天把干的稻草铺在石板上，晚上就睡在上面，天还没亮，就去山中找菌子。夏夜里追赶萤火虫，学蛙叫。”这种对家乡山村的描述，竟不知不觉能说上几个小时，直到我讲得词穷了，才发现自己对家乡饱含热爱。

偏僻的小山村里我所说的那一幅幅美景，与大都市形成鲜明对比。有一年我去上海游玩，那里高楼林立、霓虹闪烁、车水马龙。外滩的夜景更是让人流连忘返。我试着遐想，假设自己出生在繁华大都市里，我的童年会是怎样。当然这只是幻想了。我出生的乡下除了那份悠闲之外，一切都很自然。吃饭时狼吞虎咽，口渴时大碗喝水，馋了就上树摘果，疲了就河边戏水，这才是山里人该有的样子。

小山村里的生活似乎是跟文人不搭调的，粗粮淡饭、单薄衣服，面朝黄土、背朝烈日，跟阳春白雪不沾边，能跟文人扯上边的大概只有特别喜欢“摆龙门阵”的老年人。院坝里、火坑边，不拘场合，多人聚在一起，其中有一人通常为有阅历的老年人，讲故事或谈天说地，山里人称之为“摆龙门阵”。他们喜欢讲一些跟当地山山水水有牵连的奇闻怪事。比如附近的山洞里有犀牛，那犀牛后来变成了这一方的土地公公。尽管他们自己也从来没有见过犀牛，却讲得玄乎，当真有那么一回事似的。后来从大人口中得知，这些能讲奇闻趣事的识得几个字，算是村里的文人了。我最初对文人的理解就停留在“会讲故事的人”。

到县城读书后，我开始接触书店，买了些中外文学名著来看。如《欧也妮·葛朗台》《老人与海》《冰心散文集》等，萌生了对文学的热爱。也曾尝试写故事集，还鼓起勇气拿给语文老师修改。

大学时我阅读的范围越来越广，从鲁迅、张爱玲、琼瑶、郁达夫的文学作品到《君主论》《帝国的惆怅》《战争论》等政治、历史、军事著作。我越来越喜欢阅读，时不时地还抄抄写写，做些读书笔记。寒暑假回家与人闲聊时，偶尔还会引经据典，自负地认为自己也算是个读书人了。

文人似乎天生是跟书籍联系在一起的。在书里找共鸣找寄托，或者什么也不找，只是拿起书，便觉风雅起来了。最好还能有个书房，或筑于水畔，或隐于竹林，一桌一椅，“无丝竹之乱耳，无案牍之劳形”。古时的文人，除了嗜书如命之外，往往也具有山水情结，特别是官场不如意时，更是格外钟情山水。“少无适俗韵，性本爱丘山”，隐士情怀表露无遗；“明月松间照，清泉石上流”，山水之中寄托高洁情怀。当工作和生活不如意时，我也爱上了领略“野旷沙岸净，天高秋月明”的自然美，“采菊东篱下，悠然见南山”的娴静美，“欲把西湖比西子，淡妆浓抹总相宜”的湖水美，去登高望远，“一览众山小”，欣赏若隐若现的云海，探望浩瀚空灵的星空。

内心越接近山水，越发思考生命的意义，如《论语》中所载：“子在川上曰：逝者如斯夫，不舍昼夜。”

努力做一个追梦人

少年时去城里走亲戚拜年，看到城里熙熙攘攘，人来车往，晚上可在容纳好几百人的电影院里看电影，生病了去医院不到十分钟就到了，还有各种零食小吃……这都是小山村没有的，心想这就是我的梦想，以后要努力奋斗，去这样的城里生活。后来去州府看到火车，更觉得城市里有我追求的生活，再后来来到省城，又觉得省城才是自己追求的归属地。

高中时，读过从湘西走出来的知名作家沈从文的故事。他曾在军队谋生，虽然只有小学文化，但抱着文学梦去北京寻找出路，他一度穷困潦倒，靠着朋友救济艰难度日，靠着文学梦想支撑，写出了《边城》等一部部文学著作。沈从文的故事也一直激励着我这个湘西人不要忘记追梦。

上大学时，在图书馆也读过名画《富春山居图》作者的故事。绘画者黄公望仕途不如意，潜心学画却无人愿意教，无奈自学，访名山大川，以自然山水为师，年近古稀才创作出《富春山居图》。他执着追求自己的梦想，这一生也算是无悔岁月、无悔自己了。

毕业后，开始为生活打拼，历尽艰辛，方知去哪里生活不是最重要的，有一番事业才是人生的梦想。后来兜兜转转进入了公务员队伍，正当满怀信心、踌躇满志之时，对自由的无限向往又将我拉回到专业的律师队伍。虽然无法预测未来还会不会有新的选择，也无法预测未来的日子是阳光灿烂，还是风雪交加，但梦想总像一颗种子，随时准备生根发芽。

随着结婚生子，家庭生活的到来，怎样有意义地度过这一生，一直萦绕心头。朋友圈里别人有诗有远方的生活被许多人点赞，“采菊东篱下，悠然见南山”的世外桃源令人着迷。虽向往之，但一地鸡毛的生活总是将我从美梦中拉回现实。

工作中也曾遇到过令人印象深刻的人。一日，办公室来了一位有着小麦一样肤色的男人，一看就经过风霜洗礼，眼神深邃，但眉宇间却充斥着一种难以言说的气质。一番礼貌寒暄后，才知对方是远方来古镇玩的游客，看到办公楼庄严肃穆又很冷清，便好奇进来看看。我也好奇一个游客无事登法庭，生平难得一遇，便倒茶与他谈起风景、人生和爱情婚姻。

他说他爬过雪山、骑过马、探过险、住过帐篷，见过许多新奇的事。

我说：“你应该很受异性朋友喜欢。”

他微笑道：“是吗？谢谢夸奖。不过我喜欢读书，也喜欢去人少景美的地方感悟生活。”

工作中遇见的这些形形色色的人，在和他们的交谈中，我知道了他们丰富的人生故事，他们所经历的悲欢喜乐也让我开始认真思考人生的意义。

上个星期，读到三毛《送你一匹马》，里面有一段话，我手写了好几遍：

读书多了，容颜自然改变，
许多时候，自己可能以为，
许多看过的书籍都成了过眼云烟，
不复记忆，
其实他们仍是潜在的。
在气质里，在谈吐上，
在胸襟的无涯，
当然也可能显露在生活和文字里。

其实读书本身并不神奇，但读到最后会慢慢发现一个新的世界。

小说家史蒂文森在《驴背行》里宣称：“至于我，旅行的目的并不是要去哪里，只是为了前进。我是为旅行而旅行。最要紧的是不要停下来。”这可以说旅行本身就是生活的追求之一了。爱旅行的人见过日照雪山、大漠孤烟和世界的尽头，感受到了大自然的壮美、世界的辽阔和生命的美好。

无论是追求物质生活的宽裕，还是追求诗和远方，抑或为社会

的前进搬砖助力。追求就像是天边的星辰，永不熄灭、照亮人生，让你一直追逐，哪怕有些东西始终触摸不到。不是每次努力都是为了追求结果，努力从来不等于成功，而成功也从来不是终极目标。追逐本身才是梦想赋予的真谛，脚下厚重的足迹才是追逐梦想所获得的回报。

我们常常考虑人生的追求是什么，却不知道在我们考虑时，时间就已经偷偷溜走了。我们时常顾虑梦想应该在什么时候去追寻，却不知道现在不去追梦，明天也依然不会去追。追梦的真正意义也许在于跌倒了爬起来，又跌倒，又爬起，因为有梦，所以不怕跌倒。

莫泊桑在其小说中写道："生活不可能像你想象得那么好，但也不会像你想象得那么糟。"我觉得人的脆弱和坚强都超乎自己的想象。有时我可能脆弱得一句话就泪流满面，有时也发现自己咬着牙走了很长的路。既然生活没那么糟，作为个人可以很坚强，那么人生不妨去追梦。于我而言，梦实现了是梦想成真，没实现至少也梦了一场，何况最精彩的不是实现梦想的瞬间，而是坚持追梦的过程。

没有到达不了的明天

每当同学聚会时，大家都有一种感慨：还是少年读书时好啊，无忧无虑的。我们拼命想要从学校这座“牢笼”里挣脱出来，想要像大人一样自由支配时间，想做什么做什么，想多晚睡都没人念叨。可是我们却变成了羡慕学生这个群体的“他们”了。

时光打马而过，那些流逝的岁月，随着年龄增长再也回不去了。生活和工作压力袭来，再也不可能做到无忧无虑，能做的也就是从日常束缚中走出来，在闲暇中寻找自我。短暂逃离重压之下的生活，告别那个诚惶诚恐的自己，在灰白单调的生活里增加一点斑斓色彩。

骑自行车，去追落日，山顶之上干脆就那么躺着放空，闭眼聆听风声。只要放下戒备，哪怕什么都不干，那一刻，心也会像蒲公英一样四处飘舞，也会觉得世间万物的存在都很可爱。

这大概就是古人说的“偷得浮生半日闲”。这个“偷”，总有

种窃喜的意味，好像这份闲暇也是偷来的，在无彩的地带劈开了一片七彩丹霞，让人心满意足。

曾读到过一则非洲老奶奶的故事，印象深刻。老奶奶在年满八十岁时，选择送自己一份让人意想不到的礼物：带上自己的老丰田车，独自环游世界。在乌干达，海关问她为什么开车去伦敦，她幽默地说，要去和女王喝茶。

对于像我这样三十多岁的人来说，能否活到八十岁，不可知；即使活到八十岁，敢不敢像那位非洲奶奶一样送自己冒险礼物，也不可知。这也许是三十多岁的迷茫之一，对将来的一切都不确定。

还记得国家法律职业资格考试的前一天。外面汽笛声、吆喝声此起彼伏，街上灯火通明，已是晚上十一点，我在酒店房间里怎么也睡不着，索性坐起来，开着灯。一遍又一遍地复习，把所有讲义都拿出来，重点部分再背几次。过了一个小时，我揉了揉眼睛，实在熬不住，但还是睡不着，一直在猜想：我重点看过的知识内容，明天会不会考？我会不会考得不好？越想越不安，觉也睡不好。

考试当天，幸运的是我坐在最后一个位置，我的左手边没有安排考试座位，我小小地兴奋了一下。以往考试，由于是电脑机考，左右手两边都有考生，只听见两边噼里啪啦的键盘敲击声，影响思考过程。这次在我疑惑之时，我便把头偏向左边，右手衬起头，思维果真清晰些。还记得当天天气阴沉沉的，没有阳光的照射，看窗外的植物都有些垂头丧气。因为打字速度慢，答题字数不算多，颇有些失意。心里一直责怪自己：我明明已经很努力了，可还是答得那么差。回想起那些天的努力，眼前仿佛是一片雾，如同未来一样，一切都变得不清晰。当分数放榜时，我抑制不住激动，终于，功夫不负有心人，我通过了国家分数线。

但激动不过两分钟，回想漫漫考试路，我竟有几分伤悲。对别人来说花费两个月也许就手到擒来，对我来说，就像古时登蜀道一样，难于上青天，天生的笨拙只能靠着后天的勤奋来弥补。但当我看到许多体育运动员训练了那么久，赛场上仍未能站在领奖台上时，我明白了：也许努力不见得就一定成功，但你能感受到，努力拼搏的岁月里，你已然桂冠在身。

人生恰似一条曲折的山路，有九曲十八弯的坎坷，也有柳暗花明的坦途；个人又恰似一细小水滴，也许混入河流随波逐流，也许浸入泥土滋润大地。无论怎样，不为模模糊糊的未来担忧，只为清清楚楚的现在努力。要去相信，只有回不去的昨天，没有到达不了的明天。有了这样的信念，就能挺过一个个难眠的夜晚，克服一个个挫折和困难，始终对未来充满希望，笑迎明天！

草根律师是如何熬过来的

作为草根律师，一方面肩负着国家法治建设的重任，一方面又得在行业中艰难打拼。既然是打拼，难免要经受压力。沉不住气耐不住寂寞，可能几年后就会退出律师行业。我身边有不少例子，先做了执业律师，很快又考进公务员队伍，也有进入事业编制，甚至注销了律师证专心去做生意的。虽然有些是重新选择职业，但大多是因为艰辛才退出的。

面对这样的现状，我不得不走上半个创业者的路子，思考如何用商人的思维来做律师事业。有人说做律师是为了追求公平正义，怎么能像个商人创业呢？其实律师追求公平正义和做半个商人并不冲突。就律师生存状况而言，草根律师如果没有商业思维很难生存，与此同时，有了商业思维，有了市场意识，有了服务意识，也并不意味着丢弃法治理想，丢弃法治信仰，二者之间并不是水火不容的关系。

我摸索着从营销做起，开始在公众号写文章，在短视频平台录制小视频等。原先在社交平台上我从不使用真实姓名，但为了让人觉得可靠，不至于被当成骗子，也为了让人便于查找搜索，我开始在短视频平台上使用真实姓名作为昵称。结果怎么样呢？毫无疑问效果都欠佳，甚至比预想还要糟糕。但凡事都得一步步来，一步步积累，一步步试错，一步步摸索。抱着这样的信念我没有放弃。我也明白在新的事业初期肯定会经历艰辛，这种苦滋味只有自己慢慢去体会。既然选择接受这份职业的考验，必然需要百折不挠的精神，甚至要笑对失败，否则很容易中途放弃。

草根律师在职业初期需要宣传，让人知晓你，知晓你的专业，知晓你的靠谱。我的案件基本来自朋友熟人的介绍，还有一些从网络上知晓我的人。有的是因为我曾有过审判工作的经历而多一分信任，有的是因为面对面座谈而增强了信任感。

作为草根律师，只能从点点滴滴做起，提升专业能力，学习为人处世之道，像对待艺术品一样雕琢自己的工作。

专业可以通过学习来提高，只要肯花时间和精力，就会有效果。可如何为人处世，我觉得始终是一门大学问。显而易见的是，做一个真诚善良负责的人，做一个靠谱的律师，至少人品靠谱，会使人放心，更容易得到信任。我始终坚信这样一句话：做律师其实就是做人，做人做好了，给人一种如沐春风的感觉，委托的成功率就上来了。对律师专业水平的认可，也许有高有低和不同的见解，但对律师的人品问题，往往有一致的认识。

2020 年 8 月，我终于挺过了两年代理和辩护回避期，自此以后，才开始放开手脚来做法律服务。之前从事过七年时间的民商事审判业务，所以做律师之后我仍然主打民商事诉讼业务，这是我最熟悉的领域。虽然也做代写起诉状、上诉状之类的非诉业务，但民商事诉讼业务是自认为最拿得出手的。应当说全身心做这项工作，时间还比较短，如果以是否挣到更多金钱来评判，我仍然还是一个处于底层的草根律师。虽然距离成功律师还有很长的路要走，但至少熬出了一点点火花，对怎样从事法律服务工作有了较为清晰的认识和规划，物质收入也慢慢得到提升。俗话说，星星之火，可以燎原。有了火星子总还是可以慢慢燃烧起来。

人情风暴

在我们接受咨询的问题中，“在有关部门有没有熟人”是一个经常被问起的话题。

人情案、关系案、金钱案是反腐败经常提起的重要议题，是一个法治国家要重点打击的，也是现代文明社会绝不能容忍的。可为什么还是有一些人相信人情关系的力量，并不相信法律本身的权威，这其中的问题值得深思。

在乡科级干警严重违法违纪问题中，人情案、关系案占大多数。这些违纪违法干警长期在同一地域工作，熟人多，人情重，干警之间、干警与执法对象之间形成利益共同体，导致窝案串案多发，有的甚至充当黑恶势力保护伞。

人情案和关系案也导致托人办事的诈骗手段有了市场。市民刘女士家被拆迁涉及诉讼，她在该案中一审败诉，刘女士经朋友介绍，得知王某某认识“相关人员”，如果要上诉可以找他“办事”，刘女士便向王某某支付十万元用于疏通关系。可最终法院二审维持原判，刘女士这才发现上当受骗，于是报了警。这种诈骗手段正是抓住当事人“病急乱投医”、相信人情关系力量的心理。

在有些人看来，法律运用也是人在操作，既然是人在操作，必然受到人的主观观念的影响，这时人情因素就能发挥作用。不可否认，任何案件的审理都有审判者主观因素的影响，特别是一些涉及需要审判者自由裁量的案件，更加受到审判者个人认知和道德观念的影响。但这是由审判本身的特性决定的，毕竟审判活动不是机械操作，不可能做到自动化流水化。

对于没有从事过法律职业的人来说，可能不理解司法人员这个职业的安全风险。无论是警察、检察官，还是法官，其实都是高风险的职业。

其一，制度约束非常之多。各种纪律处分规定繁多，职业伦理道德准则也比普通公众道德要求更严格，一不小心可能就触碰红线。其二，司法人员处在社会矛盾的一线，随时可能遭受不满情绪带来的伤害。随着裁判文书公开，网络庭审直播等规定的推行，其一举一动都曝光在阳光下。正如任何职业群体都需要预判风险一样，司法职业群体也同样要考虑如何规避职业风险。而办人情案和关系案，其风险一目了然，随时可能身败名裂，坐吃牢饭。从这个角度来说，仅凭人情金钱关系，很难改变司法人员对案件的依法依规处理结果。与此同时，鼓动律师去找关系，也是把律师往“火坑”里推，作为依法执业的律师，绝不会跳入这样的“火坑”。

因此，人情案、关系案、金钱案这种行为会随着法治国家、法治政府和法治社会的建立，越来越没有立足之地。作为律师，专业、勤勉、负责才是当事人的首要考虑因素。

律师事务所的见闻

律师事务所，顾名思义是由律师发起成立的。按现行《律师法》的规定，律师事务所必须由三名以上律师发起设立，虽也有个人所，但比例特别小。为了处理一些日常事务，类似收发文件、接待、整理卷宗之类的，律所也会聘请一些行政人员（非行政机关工作人员）。还有一些律所，为了扩大业务，专门招聘营销团队。无论律师事务所的人员结构怎样，律师依然是主体力量。

要成为社会律师，就要从实习律师做起。无论是刚走出校门的大学毕业生，还是半路转行的，抑或是像我这样辞去公职的中年人。从实习干起，就得忍受初期的失落，彷徨的情绪也会反反复复，然而明天太阳照样升起，该做的事还是要去做。草拟起诉状、合同、辩护词等各种法律文书，准备证据材料、联络法院询问相关案件进展等，处理企业日常法律问题，跟随指导律师开庭、看守所会见、进行案件洽谈、谈判等都是实习律师的工作。

实习律师 A，主要帮助指导老师做一些辅助性工作。比如查询法律法规、为案件找到法律依据、搜索相关案例、代写简单案件的起诉状和代理词，写完以后，与大家讨论，再送指导老师修改。整理卷宗，了解卷宗内容，看律师们是怎么办案的。由于是实习律师，有些事情不能单独去做，比如不能单独去法院开庭。收入靠指导老师贴补，有时多一点，有时少一点，有时也没有。偶尔有案子找上门来，就把案子介绍给律师做，自己从中拿提成。

实习期是每一位律师成长的必经之路。所有的迷茫和煎熬，其他律师也都经历过，能做的就是在这个过程中，慢慢确定未来的方向，并为之努力。

律师 B，在高压状态之下，早已养成随时随地办公的能力，酒店、火车上、朋友家，不分场合，早七点，晚十二点，不分时间。无论周围环境多嘈杂，人流多拥挤，都可以很快开始发邮件、看文件、写文书。虽然忙碌，但时间分配方面多半是可以选择的。

他喜欢律师这份工作，自由而紧张。作为独立律师，自己想办法找客户，想办法让客户信任你，想办法解决客户的问题，想办法给客户更好的服务体验。虽然有时也会觉得焦虑和迷茫，但多数时候的状态是朝气蓬勃的，觉得工作有挑战，但也有成就感。努力让每件事情有回音，每次社交都能收到奇效，每次与当事人的沟通能得到肯定。

合伙人律师 C，工作重点不仅是办好一件件案件，更多的是思考如何经营管理好一家律师事务所。从管理者的角度，首先考虑的是做市场，想尽办法提高律所的竞争力，在竞争激烈的市场中为律所赢得客户，带领律所更快更好地向前发展，肩上的责任沉甸甸的。

有些律所的硬件条件好，办公场地也在高档写字楼，装修高雅有格调，绿植丰盈，环境整洁。客户的付费能力也强一些，但运营成本也高。一般小律所则会考虑成本，选址、空间、装修会朴实一些。无法说大律所好一些，还是小律所好一些，就像星级酒店和民宿旅馆，都有存在的必要，也都有上佳的服务体验。

但不管是大律所还是小律所，律师行业的流动性是非常大的。不像机关单位需要选调和遴选那样麻烦，转律所基本只有些时间上的成本，再加上有些律师和律所之间的挂靠状态，归属感和依附性极为欠缺，为提成问题转律所，为加入团队转律所，因互相之间理念不合而转律所。总之，律师在律所之间的流动比较频繁。

律师行业的焦虑

行业内卷的焦虑

律师行业有种说法，整个行业存在二八定律。即 20% 的律师掌握着 80% 的案源，80% 的律师要去争夺剩下的 20% 的案源。虽然这种说法有待考证，但从现实情况来看，大抵差不了太多。但谁能成为那 20% 中的一分子，谁又是那 80% 中的一员，并不是固定的。除了互相争位，同一层级之间也竞争激烈，这可以称之为行业内卷。据官方统计，除去公职律师和公司律师，截至 2021 年，全国社会专职律师有 40 多万人，作为具有较高知识文化的群体，在生存压力之下，竞争之激烈不言而喻。

知识储备和技能的焦虑

律师是一个需要永远学习新知识的职业，不仅要学得广，还要精。不仅要学法律方面的知识，还要学经济、文学、心理等方面的知识，光专业知识的学习，就得花费大量时间精力。就近两年而言，单就最高人民法院发布的司法解释，每年就有 20 件左右。我身边有些年龄比较大的律师和法律工作者，都在感叹学不动了，时不时问我某某方面有没有最新规定，怕搞错了让人笑话。这个职业要求不断学习，不断更新储备，想停都停不下来。

虽说学无止境，学习使人进步，但一直学，难免产生焦虑，老律师学习少了，便会落伍，而年轻律师好学，追求上进，随时能够在知识储备上弯道超车。

职业定位的焦虑

社会律师不属于公职人员，但又不是纯正的创业者，从行为上来看介于二者之间。法律援助、公益服务、参与调解、参政议政，社会律师作为依法治国的一支重要力量，肩负着社会责任感和使命感，为推进法治进程添砖加瓦。

可律师是创业者吗？好像是，又好像不是。律师徒具商人的“皮”，却无商人的“里”，商人的经营理念和布局谋划，似乎都是律师群体所远远不及的。即使如此，律师行业目前同样是以商业形态运作，受到商业本质的支配，客户是需求方，律师是服务提供方。但这种服务是以律师的专业知识和经验技能作为基础的，服务成果多数时候无法复制。从这个角度上看，律师类似于有一门手艺的工匠人。

手艺人本应该雕琢手艺，却不得不以创业者的面貌出现，这是律师行业的焦虑之一。律师想提高收入，不得不像经商一样经营自己。经营的时间多了，可能又会荒废手艺，可一心钻研手艺，又担心巷子深，酒香无人识，陷入两难。

除此之外，一些人对律师职业的定位仍有诸多误解，让律师群体焦虑无比。最为常见的是在刑事案件中，某律师为某个犯罪嫌疑人（被告人）进行辩护，一些人便对该律师进行道德谴责，认为犯罪嫌疑人（被告人）犯的罪行如此严重，不立即枪毙就算容忍了，怎么还会有人为其辩护。每一次恶性案件的发生，只要律师站在犯罪嫌疑人（被告人）一边，便要面临一些人的口诛笔伐，这个问题其实也是老生常谈了。

民事案件中有些原告认为自己是来维权的，律师为被告代理就是阻碍维权。像赡养纠纷中，老人起诉几个子女，其中有某一个子女聘请了律师，老人就认为子女不赡养老人，已经是天理难容，怎么还有人为不孝子女代理。

为“坏人”辩护的律师不应当受到指责，为被告代理与为原告代理都应当受到尊重。无论如何焦虑，还是要不断寻求突破，探索未来，前行的力量才会跟随时代增强。

做律师快乐吗

做律师快乐吗？如果你这样问我，我的第一反应肯定是不快乐。

身陷争议纠纷之中是伤神费心的，即使不是当事人，仅仅只是代理人或者辩护人，就消耗了很多能量。

“请你详细说说具体情况，看看我们作为律师能不能帮助到你。”

“我与我老公是经人介绍相识，因为当时年龄都挺大了，所以急匆匆订婚，还没有结婚之前就经常争吵，当时就在想到底要不要结婚。可常听过来人说，吵吵闹闹是婚姻的常态，没什么大不了的。又因为年龄比较大，所以也没有顾虑这些，就匆忙结婚了。结婚办酒席当天因为娘家给付的红包多少问题又闹情绪。结婚之后他经常不在家，也不知道干什么去了，大多数时候回来都是一身酒气。我经常怀疑这到底是不是一个家。去年正月我们又因为他酗酒的问题大吵了一架。他一气之下离家出走，到现在已经快两年了，也没有跟家里联系，不知道他去了哪儿。我受够了这样的生活，所以我想离婚。”要是不打断，她可以一直诉说。

听完她的倾诉，我的心情多了几分沉重。如果再追问细节，让她回忆具体情节，都觉得是对她的再次伤害。

案件的结果可能是这样的，双方始终无法协商一致，法院予以判决不准离婚，给予缓和的机会，双方可能变成你死我活的状态。

判决准予离婚，两人带着怨恨，变成陌路人。协商一致调解离婚，和平分手，案件的处理方式虽然平和，但两人之间的裂痕，特别是带给女方的伤痕，始终无法抚平。参与到这样的案件当中，不管处理结果是什么，作为律师会感到快乐吗？与别人一起经历别人的伤痛，无论如何也快乐不起来。

如果单就工作上的事情处理而言，确实无法让人快乐。因为这些事情不像阳光给人灿烂，也不像媒人促成一桩姻缘那样圆满。处理负面事情难免带有负面情绪，负面情绪也可能像火山一样随时爆发，即使开始没有，也会被慢慢带入这种情绪中。唯一能带给人开心的可能就是案件取得预期效果所带来的成就感。这种成就感会让人小小满足一下，觉得付出得到了回报。

律师是自由职业，最可贵的莫过于人格和精神上的自由，在律所里律师之间没有上下级的隶属关系，只需钻研跟律师业务有关的技能，并服务好客户。虽依赖客户而生存，但并不受雇于客户，这种自由的乐趣，可以带给律师精神层面的快乐。

若问律师有什么独有的快乐，我认为是辩论带来的快乐。辩论也许是一片洋洋洒洒、情理法交融的书面稿，也许是法庭之上据理力争的“口吐莲花”，但这种为正义而辩的交锋，让我感到了生命的活力。

律师的为与不为

虽然把诉讼比喻为比赛也有些道理，但我并不十分认同这种说法。因为赛场上基本上都是懂规则的人，没有谁对谁错，也不在乎一个运动员是否诚实守信，而诉讼当事人大多并不懂诉讼规则，过错的认定对结果影响很大，诚信问题也影响天平的移动。比如违约问题，守约一方向违约一方主张违约责任。律师无论是给守约方代理还是给违约方代理，都是一种帮助者的姿态。帮助守约者，一般人都可以理解。而帮助违约者，许多人不理解。现实中违约的原因也是多种多样，比方说双方共同的原因导致违约方违约，或者一方违约是不可抗力或情势变更产生的。即使违约，承担的也是相应的违约责任，违约责任不能被无限扩大。因此从诉讼的角度上来说，律师是当事人的帮助者，当事人是办理事项的最终承担者。无论他的素质如何、能力如何、人品如何，最终的后果都是需要当事人自己来承受的。诉状的具体内容、提交哪些证据等决定事项，当事人也要清楚地意识到这是自己的决定，最终的结果也由当事人来承担。从这个角度上说，律师与当事人应该相互配合，建立信任关系。律师虽然是一个帮助者，但是应当尽最大努力，充分发挥自己的主观能动性，把当事人的利益放在首位，在具体代理过程中保持饱满的热情。

《中华人民共和国公司法》（简称《公司法》）里面常提到董事会的董事应当对公司具有忠诚和勤勉义务，从律师和当事人的关系上来说，我认为律师对当事人也应当尽到忠诚和勤勉义务。勤勉也许可以理解，踏踏实实干事，可律师为什么要对当事人忠诚呢？我认为当事人与律师也许在能力、财富、阅历等方面存在区别，对事情的看法、做法也许大不相同，但律师这个职业天然就是以维护当事人合法权益为生存根基的，必然也应该尽心尽责地维护当事人的合法权益。实际上这也是《律师法》第二条的明文规定，从权益维护角度上说，对当事人的忠诚，实际上也是律师对法律的忠诚。

虽然说律师应当忠诚于当事人，但这并不是说当事人想让律师干什么律师就干什么。实践当中有些当事人为了使自己的权利主张得到更好的支持，又或者是为了达到不当的目的，试图伪造一些证据，提供虚假的证据给司法机关，甚至唆使律师与他们同流合污。这个问题的严重性自不待言，不管其目的是什么，手段和方法都是不合法的。想带律师去往邪恶的路上，一场普法教育在所难免。

有的当事人唯结果论，认为请律师就是要达到自己想要的结果，尽管律师苦口婆心地分析利弊，给出方案，并表示尽最大努力去争取，但只要不承诺，他就认为分析得再多也没有意义。根据

《律师执业管理办法》第三十三条的规定，律师不得承诺案件结果，能做的无非是根据现有的法律规定和过往的案例判例预测可能的结果。

除此之外，我给自己定了一条戒律，就是不议论和评价当事人的个人问题。在与当事人相处的过程中，当事人的一些情况、真实的想法及过往的做法，有些是不为人知的，有些是让人不齿的，可能也不符合我的人生观、价值观和世界观。但我不对他的道德人品做任何评价，案结之后，我认为也没有任何记忆的价值。

合同纠纷感悟

在做了大量民商事诉讼案件之后，如果有人问我，人们需要主动培育什么样的精神，我首先想到的就是“契约精神”。因为缺乏契约精神的案例实在是太多了。

一公司租赁了一处场地，欲装修，请某设计师进行设计，双方签订设计服务合同。合同中约定由设计师设计五种北欧风格供公司选择，于是设计师连续五天跑场地，又花了十天设计出了五种北欧风格的方案。交付方案之时，公司说要改，改成中国传统古典风格。

设计师说：“可以，但要先支付已完成的合同费用，再重新签合同。”

公司说：“我是客户，客户是上帝，让你改就得改。”

在公司看来，签合同仅仅只是开始，履行过程中，公司可随时变更合同。

再看一例。某公司与一家绿植花卉小商店签订合同，合同中约定由绿植小店常年向公司提供绿植美化工作，合同期限为两年。合同履行十个月后，公司换了新总经理。随后公司通知绿植小店，不用来公司做绿化工作了。

有白纸黑字的书面合同尚且如此，没有合同的，耍赖就更不足为奇了。

小王经营一家主打兔肉的餐馆，因生意火爆，兔肉供不应求。于是小王找到喜欢走南闯北的小蒋，请小蒋联系一位善于养兔的养殖达人，帮助自己建兔场，事成之后将给予小蒋一万元辛苦费。小蒋如约找到一位养兔能手，但小王却拒绝支付一万元辛苦费，并称：口头说说，不必当真。

小李家住农村，酷爱钓鱼，委托邻村的小贾帮其买一套新渔具回来并给其一千元现金。谁知小贾不仅未买渔具，还把小李的电话拉入黑名单。

从上述两例可以看出书面合同无比重要。书面合同所确立的权利义务，合同当事人一般不敢轻易违约，如果没有书面合同，其中一方可能会肆无忌惮。书面合同具有为合法权益保驾护航的作用。相比较而言，有书面合同的例子，维权也更容易些。

合同签订只是开始，是全部履行，还是部分履行，抑或有瑕疵地履行，要看结果怎么样。这点在法律服务委托代理合同的签订还有履行过程中也偶有体现。当事人在签订非风险代理的委托代理合同时，先付部分律师服务费，并承诺剩下的代理服务费一定会兑现。即使反复强调诉讼有风险，结果不如预期也需承担律师服务费，还是有当事人一开始就抱着律师法律服务完毕，就不再付剩余款项的想法，或者根据最终结果盘算给多少费用。

无契约意识，也容易在社会经济交往活动中引发刑事犯罪，比如在信用卡使用方面就常有体现。萧某某以本人身份证向某银行申领了一张银行卡，之后共透支本金三万元，透支超过规定期限后，银行多次催收仍未还。这种缺乏契约意识的行为，常被认为具有非法占有的目的，蓄谋恶意透支，如数额较大，则涉嫌犯罪。

契约精神是一种自由、平等、守信的精神，不仅普通的合同协议是契约，法律、村民公约都是契约。契约精神有四层含义，即契约各方是平等的，基于自愿订立契约，订约各方必须信守承诺，履行契约义务、职责，如有违约，自愿接受惩罚。契约精神其实就是对双方的权利、义务、责任进行明确划分，本质上也是要束缚人性的弱点，如人的贪婪。

什么样的惩罚机制能促成遵守和践行契约，不同国家不同人群可能有不同的规定，但大致方向应该是，使人像珍惜生命一样信守契约。

交通类案件感悟

随着驾驶员越来越多，车辆大幅增加，道路交通事故也越来越多。与此同时带来了大量机动车交通事故责任纠纷，而处理这类纠纷的焦点之一就是事故责任如何划分。

交通事故责任划分为全部责任、主要责任、同等责任、次要责任、无责任五种情况，定责的基本原则是适用过错责任原则。双方均为机动车，在发生交通事故的情况下，一方无过错，则另一方承担全部责任；双方都有过错，则根据过错大小来划分责任。交通事故认定依法由公安交管部门依职权做出，虽然只是对事故出具的一种书证，但它所载明的违章情节、后果、因果关系、责任大小，对民事赔偿及刑事上定罪量刑均具有重要影响，甚至是决定性影响。

虽然交通事故认定行为具有行政行为的性质，但是如果当事人不服公安机关和交通管理部门出具的交通事故认定书的责任认定，不能提起行政诉讼，只能提请复核。《道路交通事故处理程序规定》第七十一条规定，必须在事故认定书送达之日起三日内提请复核，逾期提交复核申请的都将不被受理。可以说对交通事故认定书有异议，救济途径非常狭窄。有些机动车交通事故当事人对交通事故认定书提出异议，在进入诉讼之前，想方设法改变交通事故责任认定，理由各种各样。

尽管交通事故认定书并非行政决定，交通事故责任也并不能与民事法律赔偿责任画等号，在诉讼中只是一份证据，法院可采纳，也可不采纳。然而诉讼中不认可交通事故认定书的情形极为少见，一般当事人根本没有推翻事故认定书的专业知识和专业能力，而法官若没有足够的专业自信，没有相反证据推翻，则不会改变事故责任划分认定。尽管交通事故认定书鲜少在诉讼中被改变或推翻，但要让事故当事人及公众信服，事故形成原因、过错、责任大小等方面的论证分析值得反复考究，在情理法交融方面需要下更多功夫。

除了民事上的侵权赔偿，与交通相牵连的刑事犯罪也是社会热点之一，其中不得不提的就是近年来备受关注的危险驾驶罪。

2011 年 5 月 1 日起《中华人民共和国刑法修正案（八）》正式施行，飙车、醉驾、超速超载和运输危险化学品四种行为入刑，其中以醉驾入刑最为社会关注。该罪名至今已适用逾十年，在遏制交通事故发生，维护公共交通秩序，保障人民生命、健康和财产安全等方面取得了良好成效。然而起诉该罪名人数至今仍居高

不下，近几年甚至超越盗窃罪，成为第一大追诉罪名，不得不令人深思。

在我接受的法律咨询中，除了婚姻方面的咨询最多之外，排在第二位的就是关于醉驾后如何争取最小处罚。我曾问过一些因犯危险驾驶罪后刑罚执行完毕之人，当初知不知道醉驾的严重后果，他们基本上都表示知道后果严重。知道后果严重为什么还要驾车呢？答道：酒喝多了，胆子就大了，也听不了劝。除了存有侥幸心理、喝酒易使人意识模糊之外，对可能产生的严重后果没有具体明晰的认识，也是需要重视的问题。

思想是行动的先导。之所以惩处醉酒驾驶行为，除了醉驾破坏道路交通管理秩序之外，更重要的是它对不特定人的生命财产安全构成严重威胁。醉驾背后的深层次原因是醉驾者对生命财产权利的淡漠，甚至是无视。避免醉酒驾驶不能仅依靠公安司法部门的强力措施和惩处，更需要唤起公民的公德意识和责任心。

醉驾入刑体现了法律对生命健康和财产权利的保护。在这个罪名的适用过程中，一些个案多次引起社会公众讨论，不同案件的处理方式也会有所不同。如被告人某某在道路上醉酒驾驶机动车，驾驶时其血液中乙醇含量为120mg/100ml，其行为构成危险驾驶罪。被告人某某到案后如实供述自己的罪行，且自愿认罪认罚，依法可从轻处罚。被告人某某系初犯，有悔罪表现，具备实施社区矫正的条件，可对其适用缓刑，并责令被告人某某接受社区矫正，服从其所在社区矫正组织的管理教育。判处拘役一个月，缓刑三个月，并处罚金人民币六千元。无论如何，在符合立法本意的前提下，实践中可以进行技术性微调，如量刑幅度，但对入罪标准则应坚守和严格执行。

劳动争议纠纷感悟

现代公司企业都会涉及劳动方面的法律法规，而公司是最活跃的市场主体，劳动争议在所难免。劳动争议与其他争议的不同之处在于原告、被告双方的诉讼主体是固定的，一方是劳动者，另一方是用人单位；另外，用人单位的规章制度也可能成为审理依据。

《最高人民法院关于审理劳动争议案件适用法律若干问题的解释（一）》第五十条规定："用人单位根据劳动合同法第四条规定，通过民主程序制定的规章制度，不违反国家法律、行政法规及政策规定，并已向劳动者公示的，可以作为确定双方权利义务的依据。"这也是劳动争议与其他争议在处理上的重大区别。

在普法过程中，我们曾讲解一些劳动方面的法律规定，特别是保护劳动者权益的规定，如保险权益、劳动条件保护，但听者似乎不大感兴趣。

"你们说了这么多，但没有什么用，老板不要你了，就得走人。”

“有些工厂工资待遇很好，都想留在里面，你提那些权利，人家就要赶你走。”

这也说明劳动者相对用人单位而言，还是弱势的，至少在部分行业部分地区这种情况是存在的。

在一些没有技术含量和技术含量低的公司里，公司招聘可选择的员工人群庞大，不像技术性工种选择面窄。这类公司比较喜欢年龄稍大、无须再生育的人，而对年轻女性普遍不欢迎，因为她们需要休产假，产假又有近半年时间，在其孕期也可能因为身体不适断断续续请假。而劳动方面的法律法规规章，对孕产妇特别强调要保护其各方面权利，如待遇不能降低。

这其实是个两难的问题。一方面公司要经营生产发展，当然希望员工能勤奋工作、满勤工作、加班加点工作。因为如果有人请长假，中途再找人接替，其工作成本必然有增加，如人力成本。另一方面，年轻女性也需要就业，工作角色与家庭角色的冲突一直存在。各方面措施也在努力减少这种冲突，如实行弹性工作制度，政府对积极雇佣弱势群体员工的市场主体给予奖励或者其他优惠。

现实中劳动争议方面的问题层出不穷，即使把《中华人民共和国劳动法》背得滚瓜烂熟，最终还是得根据个案具体情况，依据公平原则来权衡。

在劳动争议纠纷里，有的公司为了彻底了结与员工的争议，千方百计促使员工签订一次性补偿等一揽子协议书。其中协议里面有一条重要内容是这样的：甲方对乙方提出的所有要求，有条件的

一次性补偿 ×× 元（包括但不限于工资待遇、安置费用等全部费用），本协议是对甲乙双方存在的一切劳动争议问题所做的一次性终局处理，日后乙方不得再向甲方主张任何权利。

有些人看到有人给钱就行，哪管协议写的什么，日后又以存在重大误解为由起诉，通常并不能得到支持。判决理由也很简单：原告作为完全民事行为能力人，协议的签订系其自愿，是其真实意思表示。

如今的劳动争议又出现了一些新奇现象。随着网络通信的发达与普及，新生代提出辞职显得随性很多，不像以前要提前写正式辞职申请，他们有时向主管人员发去一条语音就算辞职了："明天不来了。"明天不来了，意思可能只是明天不来上班了，后天还会来，也有可能是说以后都不会来了。但他们都懒得解释是什么意思。解除劳动关系，在他们看来不过是今天跟你同行，中途不高兴了，明天换条路，就不跟你一起同行了。

离婚纠纷感悟

在我从事审判工作的七年间，离婚纠纷从未断过。其他纠纷隔三岔五才有，但离婚纠纷是今天结完一个，明天马上又来一个。每到年底做案件数量统计，在民事纠纷里面，离婚纠纷始终占据第一位。自从转行从事律师以来，离婚方面的咨询也是最多的。这说明婚姻中感情不和的情况是现实存在的。

原、被告在共同生活期间，因双方遇事缺乏沟通、了解，相互之间缺乏夫妻间的关爱和照顾，常为家务琐事发生争吵甚至大打出手，夫妻感情不睦。双方发生矛盾后，原告外出务工，致使夫妻感情淡漠。被告为赌博在外大量举债，债主催债到原告那里，为此原、被告双方矛盾激化。年底，被告因原告接听一陌生男子电话，生怀疑之心，双方发生争执，原告一气之下头撞墙体受伤，在邻居劝导下及时就医，治疗后，原告回其娘家居住生活，导致夫妻感情恶化。故原告提起离婚诉讼。

像这样的离婚案例多如牛毛，案情也各不一样，感情不和却是共同特点。一开始接触离婚案件时，觉得真是烦人的事。当事人为了什么时间点应该回家，为了情人节该不该送花，为了当初该不该认识，吵得“不亦乐乎”。慢慢地觉得无休无止争吵不断的婚姻，早点结束对双方都是一种解脱。当初结婚是为了幸福，现在离婚也同样是为了幸福，只有让当前的痛苦尽快结束，新的幸福才会光临。在办了一定数量的离婚纠纷案件后，我又认为看起来是两个人离婚，但其实是社会出现了伤口，不仅两个人痛苦不堪，给子女、给原、被告两个家庭都造成了无法弥补的伤痕。有的甚至老死不相往来，好似仇家。为此在办理离婚纠纷案件过程中，只要有万分之一的可能，我都力争让濒临死亡的婚姻免于走向破裂。

我常劝说有离婚念头的人，彼此之间要多吐露心扉。有些心事说出来，有些抱怨发泄出来，心头的乌云也许就会散开。哪怕是最亲近的人，有些话不说，就失去了理解的机会。只有心心相印，爱情才能长相守。当然劝解大多没什么用，一心要离的终究还是会离婚。

很多人把婚姻走向破裂的原因归咎于当初认识时对对方了解不深，就匆匆步入婚姻殿堂。这似乎说明在结婚之前也可以考虑设立结婚冷静期，就像离婚冷静期一样，最大限度防止冲动做出人生重大选择。

但要怎么深入了解对方呢？结合自己的办案经历，我觉得有两点可供参考。其一是了解对方的家庭家风，观察其成长环境。在离婚纠纷询问、调解、开庭过程中，相当一部分原、被告是带着自己的亲人来的。曾有一男方作为被告带着母亲来，其母极力维护其子并一顿数落其儿媳妇：“男人在外面沾点花惹点草，有时候是迫不得已，是为赚钱养家，你以为我儿容易。再看看孩子成绩不好，你不晓得教育辅导。又不懂得礼数，哪个过年给婆婆那么小的红包，讲出去都丢人。”男方还在旁边添油加醋地指责女方。这样的家庭家风不正，婚姻不会幸福，好的家风承载着家庭成员的优良品质，比如富有责任感，己所不欲，勿施于人，善待他人等，这都是幸福婚姻所应具备的人品条件。

其二是观察对方是否具有怜悯之心。在离婚纠纷办案过程中，当让男方回忆一下女方十月怀胎生育之苦时，一些人毫不在意地说，那是女人应该做的事，甚至表现出不屑的态度。如果连生育之苦都不能理解，这点怜惜之情尚且没有，也不能指望他能感受你其他的痛苦。

在极小一部分闹离婚，最后又和好的婚姻中，大多是因为双方尚存爱心，能够体味对方之苦。当说起痛苦往事时，往往自责，泪水在眼睛里打转，甚至双方相拥而泣。

民间借贷纠纷感悟

人们常说欠债还钱，天经地义。然而大量的民间借贷纠纷充分表明，借出去的钱收不回来的比比皆是。好意借钱给别人，到最后还要卑微去讨债，讨债不成还要公堂对峙。金钱借贷是人性的试金石，一些看似深厚的感情，往往经不起借钱的检验。

在民间借贷案件中，夫妻关系存续期间发生的债务是夫妻共同债务，还是夫妻一方个人债务，是民间借贷纠纷的难点之一。通常情况下，借款发生在夫妻关系存续期间，推定为夫妻共同债务，但这是一般情况，有一般就有特殊。

孔某某分 5 次向董某某借款，共 101 万元。借款均转至孔某某银行账户名下。一年后孔某某偿还 30 万元，两年后借款到期，余下借款未再偿还。于是，董某某把孔某某、陈某夫妻二人均列为被告，诉请赔偿本金及利息损失。

孔某某辩称是其个人所负债务，与其妻子无关，从未将借款一事告知妻子，也未用于家庭生活，而是个人游乐挥霍掉了。

陈某辩称对借款一事不知情，即使借款一事真实发生，也是孔某某个人借款，从未用于家庭日常支出。

争议问题在于该借款是否用于夫妻家庭共同生活。要原告董某某举证当然很困难，毕竟他作为外人，不大可能知道别人的家庭生活和经济往来。但陈某举证也很困难，除了表示没收到过这笔钱之外，也没有证据可提供，借款 101 万元显然超出日常家庭生活所需，将借款是否用于夫妻共同生活的举证责任加于陈某头上，无疑对陈某来说也不公平。

根据“谁主张，谁举证”的基本原则，结合案情权衡比较，由原告董某某举证证明借款是否用于夫妻共同生活更为公平。如其举证不能，应认定为孔某某的个人债务。

如此审理的导向作用在于，作为出借人应充分了解借款人的借款用途、借款流向。为减少出借风险，应要求夫妻双方作为共同借款方并签字确认，否则夫妻婚姻存续期间，一方借款如不是用于夫妻共同生活或生产经营的，不属于夫妻共同债务。不能因为夫妻之间有财产混同和生活交集，对外就一定要承担连带责任。现实中夫妻一方有时并不知晓另一方的借贷情况，如一方在家，另一方常年在外打工；又如夫妻感情不和之时，一方对外借贷。如果不加区分地保护债权人，会过分加重非借款方的风险承受责任。

民间借贷问题在社会生活中有时还十分复杂，例如，名为借贷，实为委托理财、合伙投资、股权转让等。单看一份借条并不能看出背后的复杂关系，还有以借贷名义做违背社会公德之事。

曾有这样一份借条，内容为：文某某向张某某借款10万，借期两年，如文某某照顾张某某两年的个人生活，则借款不用偿还。

借条内容文字中含有借贷的意思，但抽茧剥丝，实为包养协议。其外在表现出来的财产关系，依附于有违社会公序良俗的包养关系，借贷只是一种表面现象，当事人主张的债权权益并不能列入民事权益保护范畴。司法要发挥价值导向作用，对破坏婚姻伦理秩序、企图以借贷的形式掩盖伤风败俗的行为，不仅不能得到法律的保护，相反还要接受道德的谴责，在涉及相关诉讼时承受不利后果。

无论如何规制借贷行为，人总有困难之时，民间借贷总会发生。有借有还，再借不难。能否及时还钱，能看出一个人的人品，及时还钱的人，不仅诚信可嘉，且在以后生活中会遇到更多愿意倾囊相助的人。有借无还，不仅斩断真情，而且也必将自毁人生。

农村纠纷感悟

记忆中小山村里的人都是面朝黄土背朝天，挣扎在温饱线。近些年车多了，乡野别墅多了，欲望也更多了。无论小山村有怎样的变化，山村里的多数人始终是纯朴的，因为那一草一木、一山一水，孕育出来的是质朴自然。

然而，有人群的地方必定有纷争，小山村也不例外。

20 世纪 80 年代初，某地实施田土山林承包经营权分配到户。为公平起见，各户采取抓阄的方式，有的分到的土地肥沃但面积小，有的分到的面积大但土地贫瘠。当事人贾某某分得一块地叫“蛇口”，但承包合同上只有个地名看得清楚，面积大小也有涂改痕迹，四周界限已模糊不清。更糟糕的是，前几年一场泥石流，让原本就不精准的土地界限变得更加复杂。有的人外出务工，土地大多荒废，随着道路修建规划的启动，人们为了利益，就界限问题争了起来。

土地纷争在村里算是比较重大的事情，有时一些鸡毛蒜皮的小事，也能在村里掀起一层风浪。曾有因村口路边的一棵树究竟是谁栽的，应该属于谁所有，出现几户临近人家争论不休的情况，都说要打官司解决。甲说这树是我小时候栽的，乙说这树是自己长出来的，由我一直看护，丙说这是我家祖辈留给我的，为此相互之间还大吵了一场。

农村大体上是一个熟人社会。许多事情只要有点风吹草动，就尽人皆知了。涉及本村村民的任何一个处罚决定，任何一场民事和行政诉讼，任何一次刑事判决，其起因、经过、结果，都是村民之间的谈论话题。

如果在每一个司法案件中，村民都能感受到公平正义，那么法治深入人心之路必然越来越宽阔。如何减少村民之间、村民与集体之间的纠纷，除了倡导社会公德、村规民约等道德观念、良俗和价值观念，在乡村培育法治意识也显得至关重要，尤其是基层干部的法治意识。

减少基层农村纠纷，需要打通很多“关节”。我认为其中最重要的环节之一是村镇组织法治化建设。作为与村民最接近的基层组织，在行使权力、履行职责过程中要坚持法治原则，严格依法行政，使各项权力在法治轨道上运行，集阳光、诚信、责任、高效于一身。久而久之，村民也会更加自律，更加安居乐业。

相邻关系纠纷感悟

相邻关系纠纷，涉及的标的额通常不大，几十元、几百元、几千元、几万元，有些只要排除妨碍，恢复原状，并不涉及金额。解决这类纠纷既容易又特别困难。心结打开了，双方容易握手言和。假如一方非要一心“撞南墙”，轻则恶语相向，重则反目成仇。

有一类相邻纠纷在实践中比较棘手，即相邻人原本在日常生活中有些摩擦，一旦遇上漏水、电气安装、噪声等“导火索”，相邻纠纷的调解工作就比较难做。

一楼层下水道发生堵塞，导致一楼住户积水，一楼住户把楼上四户住户作为被告起诉，其他楼层住户均同意适当赔偿一点损失给一楼住户，但二楼住户坚决不同意赔偿。分摊到各户的赔偿金额，最多也就一两百元，但调解始终无法顺利进行。经多次询问了解，方知两家平时就交恶，虽说算不上仇人，但互相看不惯对方。案件事实清楚，金额也很小，虽然容易结案，但事却难了。可能还会因判决使两家原本冰冷的关系再加一层霜，这是相邻关系纠纷案件案结事难了的典型案例之一。

在只涉及金钱的强制执行中，一般还较为容易，比较难的是需要恢复原状、排除妨碍。

张某某家出行，必经文某某家庭前院落，三十年来皆如此，两家父辈关系较好，从未因相邻通行问题发生争吵和纠纷，自文某某之父去世后，两家关系渐渐疏远。文某某一家已定居城市，极少回乡下老家，于是文某某把门前庭院用栏杆围了起来，种植名贵花木。张某某要求恢复原状，以便其通行。法院认为因张某某家无其他通行之道，从文某某家门前庭院通行，系历史和自然原因形成，从团结互助和便利生活的原则考虑，文某某可种植花木，但应给张某某家保留必要的通行道路。文某某未主动履行，遭强制执行。不久之后文某某又自行搭建封闭式栏杆，张某某又申请强制执行。

就该案而言，无疑是文某某蛮横不讲理，无视法律。但后来从同村人那里得知，也有张某某家的两个儿子从小到大欺负文某某的原因，互相之间隔阂与积怨已久。再后来经多方印证，确实如此，通行问题只是其宣泄的闸口，没有通行问题，可能也会有其他问题，从而产生相邻关系纠纷。从根本上说，要让双方纠纷彻底平静，需要打开心结，既然文某某在意“前尘往事”，张某某的两个儿子不妨“负荆请罪”，也许这场相邻纠纷也就迎刃而解了。

有些相邻纠纷处理起来相对容易，也不容易产生抵触。但对已方权利的使用仍需考虑其边界问题。相邻关系首先要明白的是，相邻不动产的所有人或使用人在行使自己所有权或使用权时，应当不损害相邻人的合法权益，如相邻人的隐私权。如今在城镇生活，很多人住在商品房里，为了人身安全和财产安全，在家门口安装摄像头的越来越多，这也很容易侵犯左邻右舍的隐私权。

杨某某在入户过道里安装了全景摄像头，对门邻居提出异议。杨某某称自家安装摄像头既是为自己，也是为公共利益，对门邻居也可受益，如有小偷盗窃邻居家，自家安装的摄像也可供邻居查看，保存固定证据。

不能说杨某某的辩称全无道理，但对门邻居更注重隐私权的保护，坚决不同意摄像范围覆盖自己家门口，经反复协商才达成一致。杨某某重新安装只能拍摄自家门口极小范围的摄像头，不能看见对面邻居的出行情况。出于安全考虑，安装摄像头固然不为法律所禁止，如相关相邻人同意则没有问题，如不同意，则权利行使要考虑其边界。

处理相邻关系纠纷可引用的法律条文少之又少。不仅如此，屈指可数的相关条文还很笼统，很具原则性。如《民法典》第二百八十八条：不动产的相邻权利人应当按照有利生产、方便生活、团结互助、公平合理的原则，正确处理相邻关系。又如《民法典》第二百九十六条：不动产权利人因用水、排水、通行、铺设管线等利用相邻不动产的，应当尽量避免对相邻的不动产权利人造成损害。这使得在处理相邻关系纠纷中需要使用自由裁量权，而自由裁量权容易使当事人产生疑虑，认为司法人员偏向另一方，造成不服判现象增多。要想使判决更容易获得当事人和社会认同，需要司法人员对社会生活有足够的经历和深刻的理解，否则在适用法律时容易生硬呆板。

打官司不难

案由是个引子

“案由”是一个专业的法律概念，是法院对诉讼案件所涉及法律关系的性质进行概括后形成的案件名称，是裁判文书中必须写明的内容。在司法实务中，当事人基本上是不懂“案由”的。现行《民事案件案由规定》把民事案由分为11个部分，分列四级案由，其中有人格权纠纷、婚姻家庭纠纷、物权纠纷等第一级案由，在第二级案由中又列出了473个案由，作为第三级案由。所以对法律从业人员来说，对非常规案由也得检索，并仔细斟酌，有时也拿不准，与人讨论时还存在争议。

确定案由，虽然是人民法院依法行使的诉讼权利。但对当事人来说，能够找到准确的案由，对诉讼的推进及想要取得的预期结果意义重大。对律师来说，对于提升服务质量，有效维护当事人合法权益也有重大意义。

比如说法律适用问题。伊三乘坐出租车发生五车连撞的交通事故，造成伊三头部软组织损伤伴擦伤、腰部软组织损伤，交通管理部门认定事故各方驾驶人均有责任，伊三作为受害人，可选择出租汽车运输合同纠纷起诉，也可选择机动车交通事故责任纠纷起诉。如果想减少诉累，可选择出租汽车运输合同纠纷这个案由。以在运送过程中因发生交通事故，导致乘客身体受伤，未按照出租车运营的路线、时间将乘客安全运送到约定的目的地，给乘客造成损失为理由，只列出租汽车运输公司为被告。如果以侵权为理由，则可能需要将出租汽车运输公司、多个车辆驾驶人及多个保险公司并列为被告，如果驾驶人是借用车辆的人等情形，则可能需要把车辆所有权人也列为被告。因牵扯多个被告，为诉讼所花费的精力当然也更多一些。

两个不同案由适用的法律规定不一样，前者适用《民法典》合同编，后者适用《民法典》侵权责任编。赔偿项目也不一样，一个是违约赔偿，一个是侵权赔偿。人身损害赔偿，赔偿的项目因造成损害后果的不同，可分为三大类：第一类，造成受害人一般伤害的，侵权人应赔偿医疗费、住院费、交通费、伙食补助费、护理费、营养费、误工费等；第二类，造成受害人残疾的，除赔偿第一大类外，还应赔偿残疾用具费、残疾赔偿金等；第三类，造成受害人死亡的，除赔偿第一大类外，还应赔偿丧葬费、死亡赔偿金等。另外，造成受害人残疾、死亡的，还可能赔偿精神损害抚慰金。而在违约赔偿中，除非因当事人一方的违约行为，损害对方人格权并造成严重精神损害的，否则不能请求精神损害赔偿。

对于律师代理来说，案由的重要性一样不能忽视。律师作为诉讼代理特别是为原告代理，诉讼时在影响法官对案由的确定上是可以有所作为的。诉讼阶段通过合理选择诉讼请求，可以影响法官对案由的确定，改变诉讼方向，甚至可以直接影响案件的成败。

如在名为借贷实为合伙的案件中，如原告坚持按民间借贷纠纷来起诉，则会面临被法院驳回诉讼请求的风险。

伊三和易四既是同村人，又是朋友关系。2019 年 10 月，双方合伙投资经营一家汽车美容店，由伊三负责经营管理，易四只负责出资。期间，易四出资 12 万元，由于其妻反对易四投资做生意，故要求伊三向其出具一张借条，以取得其妻子的理解。后经营惨淡，易四以民间借贷的名义向法院起诉要求伊三归还 12 万元，由于未能证明借贷合意，且伊三拿出合伙协议证明双方存在合伙关系，合伙出资上也是 12 万元，故诉讼请求不能得到支持。

又比如先是合伙后为公司经营引发的纠纷。伊五和易六二人于 2020 年 4 月签订合伙协议，约定合伙经营农家土鸡场，伊五主要负责养殖，易六主要负责对外销售工作，并约定伊五出资 20%，易六出资 80%。因经营良好，二人决定成立公司，制订公司章程，注册成为牧业公司，双方平均出资，并招聘两个员工。后经营出现严重亏损，无法再继续经营，公司决定进行清算，伊五主张按原有的合伙协议进行清算，自己只应承担 20% 的责任比例。对此如坚持按合伙协议纠纷起诉，则可能被驳回，在牧业公司依法登记成立后，应当说合伙协议已经被公司章程所替代，合伙协议已经终止，经营亏损是公司成立之后发生的事，也与原合伙协议无关。

再比如恋爱期间一方向另一方进行大额的资金转账，分手后起

诉要回的问题。如果自认为是对对方的赠与，现在要求撤销赠与，那么审理后法庭便会认为是以赠与合同纠纷起诉。而根据《民法典》第六百五十七条规定：赠与合同是赠与人将自己的财产无偿给予受赠人，受赠人表示接受赠与的合同。这意味着因为是无偿赠与而可能无法取回。

如果自认为是婚约财产纠纷，给付的是彩礼，结果又怎么样呢？在我国传统婚俗中，男女双方谈婚论嫁之时，男方往往需要给付女方钱财，以表达订立婚姻的诚意，即通常所称的彩礼。此时法律关系虽然属于附条件赠与的范畴，但因其有别于一般赠与，法院审理过程中有单独的案由，即婚约财产纠纷。彩礼的给付都是以结婚为目的的，当一方举证证实转账确为彩礼时，确实可能需要偿还。然而现实生活中，一般都是由男方或其父母给付数额较大的财物作为彩礼。根据习惯，彩礼的给付通常是在订立婚约之时或之后，给付彩礼一方与接受彩礼一方为了缔结婚姻的意思表示已经明确。男女双方为增进恋爱关系私下的转账通常难以认定为彩礼。

情侣之间的转账往往多而杂，金额大小不一，多数也没有其他证据佐证给付行为是彩礼还是赠与。在此情况下，通常认为金钱往来性质及目的难以言明，不宜将涉案钱款性质简单认定为彩礼或赠与。因为双方分手后共同生活或者缔结婚姻关系的目的已经不能达到，故属于没有合法依据取得的财产，应当认定是接受转账的一方构成不当得利，应当予以返还。

所以，在一个案件中，决定胜负可能不仅是停留在双方当事人有没有过错、谁有过错、谁的过错更多、当事人对于自己的主张有没有证据等层面，往往还涉及案件的基本法律关系，以及案件案由应当如何适用和理解的问题。

民事起诉状中案由不是必备事项，但即使原告在诉讼中未表明案由，也必须在事实和理由部分对案件性质进行分析，或者引用法律条文，找出确定案由的根据，以便法官在裁判文书中选择案由时，与自己预想的一致。

明确诉讼请求

向人民法院起诉，不管想请求解决的问题是什么，诉讼请求必不可少，必须列举出来，并且要书写明确和具体，这是法律明文规定的起诉条件之一。《中华人民共和国民事诉讼法》（以下简称《民事诉讼法》）第一百二十二条规定：起诉必须有具体的诉讼请求和事实、理由。有些当事人对法律知识一无所知，或者读过一些法律规定，但理解有偏差，因而对于维护其自身权益的诉讼请求应当怎么写、怎么表述并不清楚。然而，诉讼请求一旦确定不当，可能会导致被法院裁定不予受理，或者驳回起诉，或者判决驳回诉讼请求，也就是说诉讼请求能直接决定原告程序和实体诉讼权益。

诉讼请求对原告来说举足轻重。有一个明确具体并可行的诉讼请求，对于保证其民事权益的实现具有极为重要的作用。可以说原告进行的一切诉讼活动，就是为了使法院支持自己提出的诉讼请求。法国思想家卢梭在《社会契约论》中有这样一句名言：“人生而自由，却无往不在枷锁之中。”原告选择向人民法院提起诉讼，是自由的选择，但诉讼请求确定之后，又像是带着一把枷锁。原告可以自由主张自己的诉讼请求是什么，请求法院以何种方式保护自己的合法权益，请求法院保护自己什么样的合法权益。从这个角度来说，原告提起诉讼时对诉讼请求如何确定是自由的，自行确定诉讼请求，可以说全面贯彻了当事人意思自治和自由处分的原则。但与此同时这也是一把枷锁，即诉讼请求的确定需要有具体事实和理由支撑，不能凭空想象和歪曲捏造，要合法合理。理论上称之为要有明确合理合法的请求权基础，缺少这个基础，将面临败诉风险。

诉讼请求从本质上来讲是向法院提出的请求。对于法院来说，诉讼请求具有束缚裁判权的作用。《民事诉讼法》第二百零七条规定，当事人的申请符合下列情形之一的，人民法院应当再审：……（十一）原判决、裁定遗漏或者超出诉讼请求的。这说明法院对民商事案件的裁判，是在原告诉讼请求范围内进行的，超出诉讼请求来裁决，或者遗漏了诉讼请求来裁决，都是违反法律规定的，需要重新进行审理。法院做出的裁判必须在诉讼请求范围内，不管是支持全部或部分诉讼请求，还是驳回全部或部分诉讼请求，都是围绕诉讼请求进行裁决的。也就是说，原告提出的诉讼请求其实具有限制法院裁判的效力。

只有理解诉讼请求的作用和含义，才能知道应当组织收集哪些证据，阐述哪些事实和理由，制定什么样的诉讼策略来支持诉讼请求。既然诉讼请求如此重要，那么在确定诉讼请求之前，要充分考虑哪些因素呢？

首先，不要脱离案件事实去虚构一个不存在的事实。诉讼请求无法脱离案件事实本身。诉讼请求的提出，也是需要对案件事实进行提炼与加工才能完成的。因此对诉讼请求的确定，必须尊重事实，这个事实也许不是完整的面貌复原，但至少与基本事实无重大出入。没有真凭实据支撑的诉讼请求会面临极大的诉讼风险，因为诉讼请求与证据材料不匹配。隐瞒真相，虚构事实，不仅不能得到法院支持，而且还会面临处罚，因此诉讼请求应结合案件事实和法律规定来确定。

其次，诉讼请求要明确具体，不能写得含糊、笼统。比如要求被告赔偿原告医药费、护理费、误工费、营养费、精神损失费、交通费、残疾赔偿金、后续治疗费等暂定五十万元（待司法鉴定之后明确数额）。这样的诉讼请求，即使起诉得到立案受理，基本上也会被以诉讼请求不明确为由驳回起诉。

再次，诉讼请求要合理合法，这样更有利于实现诉讼目的。像财产类案件，诉讼请求里面标的金额越大，需要缴付的案件受理费也就越高。如果败诉将承担高额诉讼费，增加不必要的费用支出，因此不可盲目提出过高的不合法不合理的诉讼请求。有些当事人认为自己是原告方，多提要求大不了不被支持，没什么损失。实际上这显示出原告解决纠纷的诚意不够，也容易被被告轻而易举“攻破”，更容易使法官在酌情考量方面偏向另一方。

最后要考虑的因素是诉讼的性质，即起诉是一种什么样的诉。理论上民事诉讼范围的诉一般被分为确认之诉、给付之诉和变更之诉。举例子来说，确认某某号房屋归原告所有，确认原告与被告于某年某月某日签订的合同无效，都是确认之诉。判令被告支付医疗费、住院伙食补助费，判令被告向原告以书面的形式赔礼道歉等，属于给付之诉。请求判令解除原、被告的婚姻关系，撤销合同属于变更之诉。虽然是一种理论，也没有法律明文规定当事人起诉需要说明诉的类别，但是这种理论被广泛运用于实践当中。反向思考，既然在司法实践中实际运用，必然能够指导当事人的诉讼行为，那么知道诉的类别对当事人来说有什么意义呢？以确认之诉为例，确认之诉在于确认当事人之间的法律关系存在或者不存在，其客体是法律关系。如何理解呢？举反面例子，易三请求确认其实际借款金额为 10 万元，利息按约定计算的诉讼请求就不属于法律关系，不属于诉的内容，不属于人民法院审理范围。当然对诉的分类认识，即使专业人员也不一定能熟练掌握，但能知晓了解，对列举诉讼请求有锦上添花的作用。

那么应当如何在起诉状中写明诉讼请求的具体内容呢？

一是要尽可能地全面列举。在全面分析案情，考虑了各种因素之后，把所有可能提出的诉讼请求全部列出。因为民事诉讼贯彻“不告不理”的原则，你不写出来，法院便不会审理，同时也为避免变更或增加诉讼请求等情况。举个简单的案子，易三欠伊四三十万元，约定利息为月息一分，那么在起诉状中不要想着只要求对方承担偿还本金的责任，以后再主张利息问题，这样可能造成重复起诉。《民事诉讼法》司法解释第二百四十七条，明确规定了重复起诉的条件，一旦被认定重复起诉的，裁定不予受理。已经受理的，裁定驳回起诉。虽然单独对利息的另行起诉是否构成重复起

诉有争议，但对原告来说，无论从哪个角度来考虑，都应当把利息写出来，以避免诉累。

二是充分借鉴过往已生效的判决表述模式。如利息计算问题，很多判决书这样表述：易三于判决生效之日起 × 日内向伊四偿还本金 ××× 元并支付利息（以本金 ××× 元为基数，自某年某月某日起至实际给付之日止，按照全国银行间同业拆借中心公布的贷款市场报价利率计算）。那么在有些民间借贷纠纷中，在诉讼请求中对利息的表述也可以参照这种文字格式。

除此之外，就是在细节方面下功夫。如多项诉讼请求之间力求顺序有层次。比如说一方严重违约致使合同目的不能实现，这时候诉讼请求第一项应当是解除合同，其次才是损失赔偿问题。离婚纠纷中诉讼请求第一项应该是请求解除婚姻关系，其次才是子女抚养、财产分割、债权债务问题。又如，用词尽量准确，如借条与欠条，定金与订金，虽一字之差，却有天壤之别。

告谁很重要

在民事诉讼程序中必然有原告和被告，少了两者中的任何一个诉讼都无法成立。作为原告必然是存在的，要告谁，也必须明确。《民事诉讼法》第一百二十二条规定：起诉必须有明确的被告。何为明确的被告？《民事诉讼法》司法解释第二百零九条规定：“原告提供被告的姓名或者名称、住所等信息具体明确，足以使被告与他人相区别的，可以认定为有明确的被告。起诉状列写被告信息不足以认定明确的被告的，人民法院可以告知原告补正。原告补正后仍不能确定明确的被告的，人民法院裁定不予受理。”

“明确的被告”是诉讼程序意义上立案阶段的界定。在实体审理中，还得认定被告是否具有诉讼主体资格。被告主体适格问题即当事人适格问题，当事人适格是指当事人在特定的案件中有资格起诉或者应诉。所谓的“告错人”在法律上称之为“被告主体不适格”。有些被告会抗辩其作为诉讼主体不适格，法院也会将一些案

件被告是否适格归纳为争议焦点之一。

如果原告对被告没有诉讼程序法上的依据，那么起诉将会被裁定驳回起诉或不予受理。如果列了被告但没有实体法上的依据，或是裁定驳回起诉，或是判决驳回其诉讼请求。

一般而言，被告是民事责任的可能承担者，是原告主动进行的诉讼选择。原告对被告在诉讼上的选择，往往夹杂主观因素，正是因为原告在选择被告时是基于其认识和人情等因素的考虑，所以难免发生被告的错列、多列、少列，虽然并不常见，但需要引起足够重视。否则将带来连锁负面效应，尤以错列被告为甚。

错列的情形如本应该列雇主（俗称老板）为被告，却将普通店员列为被告。服装专卖店店员在架梯取货过程中，货架掉落，不小心砸到正在店里选购衣服的顾客。此种情形下顾客去告店员，应该说被告也是明确的，但《民事诉讼法》司法解释第五十六条规定雇主为诉讼当事人，店员所为是职务行为。对顾客来说，后果应为雇主承担。

在官方的宣传报道中，我们也经常能看到诸如“原告错列当事人，法官火眼辨身份”“稀里糊涂当被告，竟是对方告错人”这样的普法宣传。

“某某烟酒茶专卖店起诉你欠货款未结清……”

“我没有……”接到法院电话，易某连呼冤枉。

核查名为易某的当事人的基本信息，才发现同镇还有一个同名同姓的易某，此易某非彼易某。原来易某在赊购商品时只签了名字，未留详细身份信息，导致诉错被告。

易三开了一家打印店，2018 年 7 月至 2020 年 3 月间，易三为某设计公司制作图文，成交额共计三万元。每次，易三给设计公司寄货单上的收货单位都是“某设计公司”，收货人为该公司的管理人员梁某，付款也一直是梁某操作。因部分款项一直被拖欠，易三把梁某告到了法院。

这样的例子还有很多。日常生活中，此类纠纷还常见于建筑工地建筑材料配送、超市物流配送、饭店食材配送等上门送货或自提的情形中，因没有书面合同，极易产生纠纷。

为了避免错列被告，《民事诉讼法》司法解释专门用一个篇章界定当事人的问题。即第三节诉讼参加人篇，如第五十八条：“在劳务派遣期间，被派遣的工作人员因执行工作任务造成他人损害的，以接受劳务派遣的用工单位为当事人。当事人主张劳务派遣单位承担责任的，该劳务派遣单位为共同被告。”但社会活动是极其复杂的，正确选择被告没有想象中那么容易，法律条文规定了原则和常见情形，个案运用还得透过现象分析本质。

如何避免告错人，以供货合同为例。首先，最好签订书面合同，如交易金额较小，内容简单，也可以起草简易型合同，一两页就够了。其次，对对方是个人还是公司，还是能独立承担责任的其他组织要有所了解，对有关单据的签收人员是什么身份、担任什么职务要有所了解，需要备注的可留言说明。此外，债务应及时催收。如果对方确实存在困难，最好让其出具承诺书。如果对方不配合，要及时选择法律途径维权。

原告错列被告的代价非常低，甚至可以说忽略不计。但是站在

被告的角度，被错告需要付出不同程度的代价。因为原告的错告行为，会让被告付出时间、精力、财力应诉，有时还会带来声誉的误解。不可否认，起诉是原告的权利，原告败诉的后果也是自行承担，但是任何人行使权利都不应有害人之心。根据《最高人民法院关于进一步推进案件繁简分流优化司法资源配置的若干意见》第二十二条规定可知，原告恶意诉讼、虚假诉讼、滥用诉讼权利而给被告造成损失的，被告可以请求损失赔偿。当然，被告被裁决不承担责任，则不属于原告滥用诉讼权利。比如在被告不承担责任的案件中，有的是因为原告举证不能，有的是因为被告无承担责任的法定事由等。

法律是维权利剑，也是规制滥用权利的笼子，既要保障原告行使诉权，也要防止原告滥用诉权。就“告谁”这个问题而言，要求原告要谨慎起诉，避免错告而造成损人不利己的后果。

时间不等人

权利人在法律规定的期间，要积极行使法律规定的权利。如果在法定期间内不行使权利，那么权利将不受保护。在法律上有一个术语叫做诉讼时效。诉讼时效规定的存在，实际上牺牲的是权利人的利益，即当事人作为原告胜诉的利益。

这项制度在实际生活当中并不容易被老百姓所理解。比如说，易三借给伊四十万元，借期一年，可提前还款，从借条出具之日起，最迟满一年必须还清本金和利息。借条还款日期到了之后，又过了四年，易三才偶然听到一个专业人士说要尽快去起诉。比如说这四年内有没有向对方主张过还款的事情，有没有电话短信等凭证可以证明，但易三始终不理解，对方欠我的钱没有还就是没有还，现在要他必须还，为什么还存在时效问题？

疑惑总是存在。因此在设定诉讼时效制度时，必须找出充足依据和理由才能让公众信服。主流观点是权利上的睡眠者不值得保

护，其他理由有减轻法院的负担、降低交易成本、避免时间间隔太久取证困难等。

诉讼时效制度会给原告带来什么样的影响呢？如果诉讼时效届满，原告请求人民法院支持其权利请求，被告只要提出诉讼时效已过并得到法院认定，那么法院将驳回原告诉讼请求。

通过诉讼时效的抗辩或反驳，致使原告诉讼请求没有得到法院支持的不在少数，可见诉讼时效的重要性。尤其是在个人之间的法律纠纷中，证据意识缺乏往往容易导致诉讼时效问题。

诉讼时效的杀伤力是炮弹级别的。一旦被认定为已过诉讼时效，则当事人即丧失了胜诉权。当然诉讼时效届满也并不是说当事人的实体权利就不存在了。比如前面说的例子，借款仍然存在，权利人仍然享有实体权利，如果借款人自愿履行，出借人仍有权受领。

诉讼时效期间有三种类型，即普通诉讼时效期间、特别诉讼时效期间、最长诉讼时效期间。这里主要讲一般情形，即普通诉讼时效期间，普通诉讼时效期间是指向人民法院请求保护民事权利的诉讼时效期间为三年，法律另有规定的除外。从什么时候开始起算呢？从权利人知道权利受到侵害以及义务人之日起计算。如果权利人客观上受到了损害，但是其本人不知道，也不应当知道权利受到损害，就无法请求法院保护其民事权利，诉讼时效期间此时不开始计算。所谓“知道”是指权利人主观上已经知道自己的权利被侵害的事实。所谓“应当知道”，是一种法律推定，是指基于客观情势，以及根据权利人知识经验应尽的合理注意义务，权利人应当知悉其权利被侵害的事实，但因其自身过失而未知情。在该情形下，法律推定权利人知道其权利受到损害。同时也要注意权利人在三年诉讼时效期间内，不知道义务人是谁则不应当起算，诉讼时效期间应当从权利人知道或应当知道义务人之日起，开始起算。

为了尽量保护原告实体权利，法律也是尽可能让诉讼时效制度在实践中少被适用。如诉讼时效中止规定，《民法典》第一百九十四条规定：在诉讼时效期间的最后六个月内，因下列障碍，不能行使请求权的，诉讼时效中止：（一）不可抗力；（二）无民事行为能力人或者限制民事行为能力人没有法定代理人，或者法定代理人死亡、丧失民事行为能力、丧失代理权；（三）继承开始后未确定继承人或者遗产管理人；（四）权利人被义务人或者其他人控制；（五）其他导致权利人不能行使请求权的障碍。自中止时效的原因消除之日起满六个月，诉讼时效期间届满。

又如诉讼时效中断的规定。《民法典》第一百九十五条规定：有下列情形之一的，诉讼时效中断，从中断、有关程序终结时起，诉讼时效期间重新计算：（一）权利人向义务人提出履行请求；（二）义务人同意履行义务；（三）权利人提起诉讼或者申请仲裁；（四）与提起诉讼或者申请仲裁具有同等效力的其他情形。

再如不得适用诉讼时效的情形，详见《民法典》第一百九十六条，下列请求权不适用诉讼时效的规定：（一）请求停止侵害、排除妨碍、消除危险；（二）不动产物权和登记的动产物权的权利人请求返还财产；（三）请求支付抚养费、赡养费或者扶养费；（四）依法不适用诉讼时效的其他请求权。

还有《民法典》第一百九十三条规定：人民法院不得主动适用诉讼时效的规定。就是说当事人未提出诉讼时效的抗辩，法院不应对诉讼时效问题进行释明及主动适用诉讼时效的规定进行裁判。

如果希冀通过诉讼方式维护权益，特别是保障债权实现，务必不要做权利上的“睡眠者”。

证据为王

英国学者边沁曾言："证据乃司法之基础，也是正义之基础。"揭示了证据具有"大厦基石"的重要性。

许多判决书中都能看到这样一句话：因证据不足，驳回原告的诉讼请求。判决书中对证据的举证、质证、辩论认证等环节内容，往往占据了较大篇幅。由此可见，证据对诉讼结果的重要性不言而喻。诉讼法上有一个重要规则，叫证据裁判规则，要求以证据证明案件事实。如果把证明案件事实的过程看作一座房屋构建的过程，那么证据就是那一块块砖头和木头。

证据在诉讼中是"无冕之王"，虽然其在司法实践中极其重要，但在想要寻求诉讼保护自身合法权益的人当中，证据的重要性却没有引起足够重视，缺乏证据意识是较为常见的表现。这其中的主要原因是我国是一个人情浓厚的国度，在个人交往中比较在乎情感因素，对可能发生的纠纷缺乏预先留存证据的意识。如亲戚之间借钱碍于人情因素，没有借条，没有转账凭证，甚至没有证人能够证明，这为日后维权带来了极大隐患。

即使有的人明白证据的重要性，但重视程度却不够。如经济交往活动中的往来信件，我见过供货合同买卖中，多达七八十次的交易往来，但当事人仅留存三四十张凭证。因此在结算货款时，需要大量别的证据来证明，维权成本巨大。

最让人不可理解的是，竟然还有人认为打官司并不需要证据，凭着一张嘴就可以稳操胜券。之所以委托聘请律师，是认为律师“能言善辩，巧舌如簧”。

“打官司不就是靠三寸不烂之舌吗？”这真是让人目瞪口呆，然而仔细想想却觉得可以理解，没有经历过诉讼，平时跟诉讼也沾不上边，当然也并不知道官司要怎么打。

印象最深的一次，是一个涉及十几万标的的合同纠纷。

问：“你有书面合同吗？”

答：“没有。”

问：“口头是怎么约定的？”

答：“口头上就那么说说，多次说的事，也不知道哪次说的作数。”

问：“有语音聊天或文字记录吗？”

答：“有，在我原来的手机上，换新手机了，原来的手机找不到了。”

问：“那你有什么证据？”

答：“有过一次付款，应该可以查得到，不过这个也不重要，我上法庭对天发誓，保证我说的都是真的。”

从这段对话可以看出，先不管能不能立案，能不能胜诉，单就证据意识的启发与培养来说就是一个不容易的过程。

有些人也知道打官司就是打证据，可对哪些是证据却并不十分清楚。以民事诉讼为例，《民事诉讼法》第六十六条规定了证据包括当事人的陈述；书证；物证；视听资料；电子数据；证人证言；鉴定意见；勘验笔录。最为多见的就是书证、物证、电子数据。书证是指通过记载的内容和表达的思想来证明案件事实的材料，如书面合同、协议、图表、发票等。物证是指以其存在的形状、规格、特征等来证明案件事实的证据，如争议的房屋，侵权所损害的衣物，遗留的指纹等。电子数据是指存储于电子介质中的信息，包括电子签名、电子邮件、网上聊天记录、微博、手机短信等。证据问题实际上较为复杂，三言两语并不能说清，大学课程里有专门的证据法学，跟证据有关的法律著作也是持续不断在更新。

那么在日常生活中怎样树立证据意识呢？比如说，在金钱往来中，尽量减少现金支付。如个人提供劳务，因劳务费产生的纠纷。易三请伊四帮自己家修建房屋，每天工钱两百元，有时给一百元，有时给一百多，有时两百多，陆陆续续都是付现金，因金额较小，又是熟人，就没有收条凭证。完工之后易三到底给了多少钱，双方也记不清楚了，为此产生争议。如果说当事人之间具备证据意识，这样的争议原本不该产生。当前网络发达，使用手机支付、银行卡支付，能够留存交易记录，维权时也更容易。

又比如说受到家暴应该怎样收集证据？一是报警通话记录和警

方所做的笔录；二是拍照和录像受伤的身体部位，照片和影像要能够体现出本人的面貌，说明是自己身体所受伤害；三是治疗病历或诊疗记录。这几个证据组合在一起，可相互印证家暴事实的发生。

《中华人民共和国反家庭暴力法》第十六条也规定，家庭暴力较轻，没有给予治安处罚的，公安机关可对家暴方出具告诫书。该告诫书对家暴的认定具有明显的作用。如果家暴时有证人在场目睹，该证人出庭作证的证言对认定家暴也具有较大的作用。实践中有一种情形，家暴情节较轻，后果也不严重，在公安部门、妇联或者村委会、居委会的调解下，当事人也愿意原谅，可能会有保证书、悔过书之类的内容。这类自书中可记载家暴原因、过程及结果，为日后维权提供文字凭证。

除此之外，证据的证明力大小也不容忽视。一个案件中可能有多个证据，对案件事实的证明力也有大小之分。如直接证明案件主要事实的，叫直接证据。比如民间借贷纠纷中的借条，证明力就较大，通常能清楚表明因纠纷产生的法律关系是什么。而只能从侧面证明案件事实，必须与其他证据一起才能佐证案件事实的，叫间接证据。比如转账凭证，究竟是借款转账，还是货物买卖转账，还是赠予，还是其他原因转账，单独看一张转账凭证，并不能看出法律关系是什么。

要不要请律师

打官司要不要请律师？不能一概而论，一般来说，复杂一点的案件需要专业律师帮助，简单一点的可尽量自己上阵。但复杂与简单之间没有什么界限，现实中看起来法律关系简单的案件，也有当事人委托律师代理，极为复杂的案件也有不请律师的。就民事诉讼而言，许多案件当事人也都没有委托律师代理。

原来我在法院从事审判工作的时候，大部分案件没有律师代理，都是当事人自己来起诉和应诉，有律师代理的也是少数。那么在民事诉讼当中要不要聘请律师代理？律师的作用究竟有多大？请了与没请，到底有没有区别？这些问题回答起来确实因人而异，因案而异。

有些简单案件，当事人通过自学，或者向一些相关专业人士咨询，也可以亲自上场。类似赡养纠纷、抚养费纠纷这样请求权基础单一明确的案件，对证据要求较低，律师在其中发挥的作用可能也不大。再加上如果司法部门能对当事人加以引导释明，更加无需再请律师。我自己在别人咨询的时候，对权利义务清楚、争议极小的纠纷，也经常建议当事人自己去起诉，毕竟对于一些家庭条件较差的人来说，律师费是一笔不小的费用。

打官司是一个劳心费力的过程。需要写起诉状、调取证据、立案、开庭，随时可能接受法院的问询和调解，在这个过程中需要付出许多时间和精力。因为法院案件数量众多，导致许多案件审理的时间跨度比较长，如果其中还有需要公告、鉴定等情况出现，审理期限则更长。如果当事人经济能力相对充裕，建议还是聘请律师来代理诉讼业务。

如果案件本身比较复杂，事实和证据都需要论证分析，或者自身诉讼能力欠缺，则需要律师为其制定策略、选择方案、筛选事实证据。

比如商品房买卖合同纠纷，房子是预售的，客户已付了部分款项，突然房产开发商的资金链断了，楼房建造停工了，这个时候客户到底是要求对方继续履行合同，还是请求退款并要求对方承担违约责任。这里面就涉及诉讼方案的问题，需要根据具体情况选择最适合的诉讼策略。

再比如诉讼中要提供哪些证据？民事诉讼活动中最重要的就是证据，律师行业也有一句话："打官司就是打证据"。是否有证据，有哪些证据，对这些证据如何使用，对对方提出的证据如何质证，这些都会影响诉讼结果。对于一箩筐的证据，哪些应当提交，哪些不应当提交，哪些是对我方有利的，需要一一筛选。如最常见的离婚纠纷，哪些证据能够证实夫妻感情破裂？哪些证据能够举证证明自己更适合抚养子女？提交哪些证据能够在财产分割上多分？这都需要通盘考虑，甄选事实和证据，依托律师的专业技能，效果肯定会更好。

最能体现律师作用的环节是开庭，律师比一般当事人更熟悉法庭规则和流程，具备更敏锐的临场判断力和表达力。在有些庭审现场，当事人自己提出的证据杂乱，观点混乱，发言随心所欲，前言不搭后语，以为在言语上、气势上碾压对方就赢了，殊不知打官司不是要去战胜对方，而是要说服法官站在自己这边。

每个法官都是一个个体，他们的学识、经验等千差万别。一个法官长期办理某一类案件，也许对这类案件的处理较为熟悉，办理另一类案件，也许就不那么得心应手了。当事人自行起诉，可能不会感受到这些因素对案件带来的影响，导致案件最终裁决下来有失公允。而律师对业务学习是有紧迫感的，特别是新规定出来后，律师的自学积极性特别高。也正因为如此，当事人聘请律师代理能最大限度缓冲法官的误判风险。

当然，律师在诉讼中的作用远不止上面所述几种情形，律师代理工作内容还有许多，当事人看见的只是律师代理工作的一小部分。

在咨询当中，也有人问律师费是不是应该由败诉方来承担。很可惜，现状是大部分案件的律师费都无法由败诉方承担，即使在一小部分支持律师费由败诉方承担的裁判文书中，支持力度也大打折扣。比如一万元费用，可能只支持三千元，这也导致部分当事人请律师的积极性大大降低。

无论如何，律师在诉讼中的作用是无可比拟的，但律师提供的既然是法律服务工作，是否聘请律师就全在个人选择。

如何立案

立案是进入诉讼的第一道大门。以民事诉讼为例，《民事诉讼法》第一百二十二条规定，起诉必须符合下列条件：（一）原告是与本案有直接利害关系的公民、法人和其他组织；（二）有明确的被告；（三）有具体的诉讼请求和事实、理由；（四）属于人民法院受理民事诉讼的范围和受诉人民法院管辖。

这是法院审查起诉是否符合立案条件的原则规定，也是当事人起诉必须仔细阅读理解的内容。在准备起诉之前，有三项书面材料必须提前准备，那就是起诉状、原告主体资格证明和证据材料。起诉状的起草前面已有详述；原告为自然人的，提交身份证明复印件，原告为法人或其他组织的，提交营业执照复印件、代表人或负责人职务证明及其身份证明复印件；证据材料最好整理清单和目录，以便法官可以清楚了解案件的基本事实，更有利于诉讼进行。

诉讼材料准备完毕之后，要去哪里的法院申请立案呢？这涉及法院的管辖问题。《民事诉讼法》第二章规定了级别管辖、地域管辖、指定管辖、移送管辖。级别管辖是要划分上下级法院之间受理第一审民事案件的分工和权限，我国有基层人民法院、中级人民法院、高级人民法院和最高人民法院四级法院，都可以受理第一审民事案件。但受理案件范围不同，绝大部分民事案件由基层人民法院管辖。

地域管辖是指同级法院之间在各自辖区范围内受理第一审民事案件的分工和权限。级别管辖只是确定民事案件第一审由哪一级法院审判，而地域管辖则是在确定级别管辖之后，再确定由哪个地方的法院管辖。地域管辖基本原则是“原告就被告”，即一般由被告住所地法院管辖，这也被称作一般地域管辖。实行“原告就被告”原则，有利于传唤被告出庭应诉，有利于采取保全和先予执行措施，如果被告败诉，还有利于执行。

指定管辖是指当管辖不明或者有管辖权的法院不宜行使管辖权时，由上级人民法院以指定方式确定案件的管辖。移送管辖是指地方人民法院受理某一案件后，发现对该案无管辖权，为保证该案件审理，依照法律相关规定，将该案件移送给有管辖权的人民法院。

作为当事人起诉，一般需要重点关注的是地域管辖。管辖问题看似简单，其实不然，比如《民事诉讼法》司法解释第二十八条规定：民事诉讼法第三十四条第一项规定的不动产纠纷是指因不动产的权利确认、分割、相邻关系等引起的物权纠纷。农村土地承包经营合同纠纷、房屋租赁合同纠纷、建设工程施工合同纠纷、政策性房屋买卖合同纠纷，按照不动产纠纷确定管辖。其中建设工程施工合同纠纷所包括的纠纷内容，在司法实践中就常有争议。

搞清楚了管辖问题，才知道向哪个地方的法院起诉。

以前，立案需要跑去法院立案部门，或者派出法庭办理立案事宜，随着高效便民措施的持续推进，跨域立案、网上立案等多种立案方式并行，极大方便了当事人和代理人。特别是网上立案，免去烦琐的现场流程，大大提高了立案工作效率，节约了各方时间。

随着《关于人民法院推行立案登记制改革的意见》和《最高人民法院关于人民法院登记立案若干问题的规定》的施行，人民法院案件受理制度变立案审查制为立案登记制。立案登记制是指当事人在人民法院起诉时，人民法院只对当事人起诉是否具备形式要件进行审查，只要符合法律规定条件，人民法院就必须接受诉状并登记立案，同时不再进行实质性判断。也就是说，法院对当事人提交的诉状能当场判定符合起诉条件的，应当当场登记立案。当场不能判定的，应当接收诉状并且出具书面凭证，在七日内决定是否立案。

《民事诉讼法》规定：人民法院收到起诉状或者口头起诉，经审查，认为符合起诉条件的，应当在七日内立案，并通知当事人；认为不符合起诉条件的，应当在七日内裁定不予受理；原告对裁定不服的，可以提起上诉。《民事诉讼法》司法解释第二百零八条规定：人民法院接到当事人提交的民事起诉状时，对符合民事诉讼法第一百二十二条的规定，且不属于第一百二十七条规定情形的，应当登记立案；对当场不能判定是否符合起诉条件的，应当接收起诉材料，并出具注明收到日期的书面凭证。需要补充必要相关材料的，人民法院应当及时告知当事人。在补齐相关材料后，应当在七日内决定是否立案。

法院实行立案登记制以来，很大程度解决了立案难的问题，广受称赞。但一些问题依然不容忽视，如一些法院以各种理由不接收材料，或者接收材料了但不出具书面凭证，或者始终不出具立案或不立案的裁定。虽然诉讼量越来越大，法院工作已经超负荷，但一些地方在立案工作中表现出来的官僚主义作风，早已不仅是法律问题了。根据《最高人民法院关于人民法院登记立案若干问题的规定》第十三条："对立案工作中存在的不接收诉状、接收诉状后不出具书面凭证，不一次性告知当事人补正诉状内容，以及有案不立、拖延立案、干扰立案、既不立案又不作出裁定或者决定等违法违纪情形，当事人可以向受诉人民法院或者上级人民法院投诉。"如果遇到上述情形，当事人可以先行投诉。

当然也不是任何起诉都会得到立案受理，比如《最高人民法院关于人民法院登记立案若干问题的规定》第十条规定：人民法院对下列起诉、自诉不予登记立案：（一）违法起诉或者不符合法律规定的；（二）涉及危害国家主权和领土完整的；（三）危害国家安全的；（四）破坏国家统一和民族团结的；（五）破坏国家宗教政策的；（六）所诉事项不属于人民法院主管的。所以当事人在起诉之前要了解是否符合起诉条件。

庭审不慌

没有经历过庭审的人对庭审可能会怯场，要想在庭审中做到胸有成竹，发挥自如，就需要在开庭前有充足的准备，对事实问题、法律问题、证据问题反复琢磨。如果没有委托代理人，而是自己起诉，当事人至少需要对涉及的法律问题查询相关法律法规，了解庭审基本流程。

庭审之前对起诉状和证据材料再次进行梳理，分析对方可能准备的诉讼策略及应对方法，对庭审中可能出现的情形有一定心理准备。如对方提交有答辩状，庭前务必仔细阅读答辩状，挖掘信息，推导对方当事人的立论和驳论。

开庭必须携带证据原件、原物和原始载体（录音和视频资料类）。在庭审中的举证质证阶段，必须出具证据原件，若无原件，可能要承担举证不能的法律后果。

当事人出庭参与诉讼活动，应当接受法庭规则的约束，一定要遵守法庭纪律。要接受法官对庭审的控制与引导，当然这也建立在充分满足当事人程序权利的前提下。在开庭时未经允许，不要用任何设备对庭审过程进行录音录像。

民事案件的庭审过程，有宣读法庭纪律、开场白、询问是否申请回避、对出庭人员是否有异议、法庭调查（具体包括原告陈述、被告答辩、原告举证、被告质证、被告举证、原告质证、法官问话）、法庭辩论、最后陈述等阶段。其中比较重要的是法庭调查、法庭辩论阶段。

庭审中调查环节要用证据证明自己的主张，即举证，举证最好是按照证据目录来进行。如果证据不多，最好是一证一举，一证一质，如果证据较多，也可以按照一组或一类来举证。无论哪种方式对证据的证明内容、证明对象都要表达清晰。

在对方举证质证环节，要注意倾听对方说话。认真倾听对方说话，体现一个人的涵养，也是对对方和法庭的尊重。在质证对方提交的证据时，要从三性即证据的合法性、客观性、关联性三个角度进行质疑。因为证据不合法就丧失了根基，证据不客观就如无本之木，证据无关联性就割裂了其与本案的联系。言语表达往往也会出现自相矛盾之处，要多去发现对我方有利的细节内容。

诉讼中经常会有证人出庭作证。要注意观察证人是否在说谎，是否具有真实陈述的善意，证言是不是亲自感知的事实。通常证人出庭作证较为紧张，如手指之间互相揉动，不断变换双脚姿势等。所述之言跟本案关联不大，在法庭询问时答非所问，都是常见情形。在当事人发问证人环节，可以围绕法庭询问证人的内容展开，根据证人回答朝着有利于己方观点的方向引申。

要注意法官对各方的提问，通常情况下他们会主动询问心中的疑问点，这些发问在很大程度上反映了法官的关注点。从这些关注点中，可以猜测裁判倾向。

在法庭询问自己案件原委的环节，多跟法官讲事实。这就好比盲人摸象，法官毕竟没有亲历案件过程，你得把大象的真实面貌说给法官听。

法庭辩论也是庭审非常重要的环节。通常法庭会归纳争议焦点或双方的分歧点，让双方围绕焦点的争议点进行辩论。那么辩论发言也应紧紧围绕争议焦点和法庭调查的重点进行，从事实、证据、法律等不同方面进行分析，阐述观点，陈述理由。法庭会根据案件复杂程度，设置一轮或多轮辩论，在对方当事人进行答辩时，可记录要点，在下一轮辩论时予以反驳。庭审中常见一方当事人就一个问题反复说，或者对与庭审无关的问题漫无边际地说，或者对对方进行人身攻击，这些都不可取。辩论时主要向法官阐述自己的观点，不要对对方当事人产生激动情绪，不要随意打断对方当事人发言，要弄清楚辩论的目的在于使事实更加清晰，使法庭倾向于站在我方。

辩论无论怎么激烈，无论怎么攻防变换，始终要把握住焦点问题，就是坚持诉求不变，一切围绕巩固己方的诉求而努力。还要注意，庭审中法官不是法庭辩论的一方，法官是法庭辩论的主持者，法律规定是中立的一方，对此当事人要有清醒的认识。实践中几个小时的庭审，法官一句话可能会让一方当事人认为有针对自己或偏袒对方之嫌，便与法官争吵起来，这极不可取。

在最后陈述阶段，当事人的情绪化表达较为常见。法庭是说理的地方，情理表达也是其中一部分，毕竟“法不外乎情”，但说了开头就一直流露情绪，不能步入正题，则容易游离诉讼之外。

被人无故告了怎么办

当接到法院送达的起诉状，还有应诉和举证等通知书时，就表明自己被人起诉了。诉讼也是现代法治社会解决纠纷的一种方式。此时要做的是仔仔细细把材料阅读一遍。

首先理解起诉状的内容。作为被告，必须吃透起诉状的具体内容，明白原告的诉讼请求、事实和理由。

阅读应诉通知书，知晓举证事项。在应诉通知书中，往往会确定原、被告的举证期限，根据适用小额诉讼程序、简易程序、普通程序等不同程序，举证期限也有所不同。通过阅读应诉通知书，还可以了解案件受理法院、承办法官、联系方式等信息。

按照规定时间提交答辩状。根据《民事诉讼法》第一百二十八条的规定，被告应当在收到起诉状副本之日起十五日内提出答辩状，不提出答辩状的，不影响人民法院审理。对于民事被告来说，可以选择不进行书面答辩，这是权利，可以选择放弃，在开庭调查

环节可以另外进行口头答辩。

然而，司法实践中放弃书面答辩是不明智的选择。在没有书面答辩的当事人中，有些人认为自己是有理的一方，口头上随便讲讲就足够了；有些人认为文字上体现出自己的观点，容易让原告一方提前知道自己的底牌，不利于在开庭时“突然袭击”。不管是无所谓的态度，还是诉讼策略的考虑，都不值得提倡。因为放弃权利本身容易被误认为理亏，书面文字也比口头表达更具逻辑性。特别是疑难复杂案件，文字体现出来的优越性更明显，搞“突然袭击”也是法庭所反感的。因此无论从哪个方面来看，都应该认真准备书面答辩状。

答辩应当具有针对性，做到有理有据。首先对事实部分进行答辩，对原告诉状中所写事实部分是不是实际情况，要一一答复。如认为部分属实，部分不属实，对不属实部分着重说明，如起诉状中所描述的事实全部不属实，则不予认可。当然还要注意的是，不能利用虚假的信息否认，或者指鹿为马，如能提出证据反证则更好。

其次从法律角度答辩，如果事实确是如此，那法律上的定性是否准确呢？如易三向伊四转账二十万元，对该事实无异议，但该转账是投资还是借款，可依据法律条文据理反驳。如事实有出入，则法律上的定性和处理肯定不同，可充分论证。

再次看自己是否符合被告的诉讼主体资格。如原告告错了，自己并不是适格的被告，则可以提出被告诉讼主体资格错误的异议。如“易厨”公司法定代表人易三向渔民伊四购买草鱼一万斤，部分货款迟迟未支付，伊四起诉易三支付剩余尾款，易三可提出系出面履行职务的行为，被告应为“易厨”公司。

有些答辩状虽然文采斐然，但表达不明确，自言自语，让人看不出想要表达什么。有些答辩状笼统模糊，没有针对对方的诉讼请求，也没有针对对方起诉状中的一个或几个事实理由逐一反驳说明。有些答辩状一味反驳谴责对方，却没有讲任何事实与道理。

如果认为原告也应当承担责任，可以提起反诉。要求原告依法承担责任，给对方有力的反击。当然，反诉也与本诉一样，都需要面对诉讼风险。反诉是被告在本诉应诉的同时，反过来向原告主张权利，但是反诉需要满足法定条件才能提起。反诉主体只能是本诉被告，反诉与本诉的诉讼请求必须在事实或法律上有牵连。比如上例草鱼买卖合同纠纷中，原告起诉被告给付剩余尾款，被告可以反诉原告草鱼品质不符合合同约定，应赔偿自己的损失。

如果认为案件受理法院没有管辖权，可及时提出管辖权异议。实务中提管辖权异议的非常少，大多也是因为想把管辖权移送到便利自己诉讼的法院。如自己作为被告居住在长沙市天心区，原告基于合同履行地这一理由在深圳市福田区起诉，此时提管辖权异议没有意义，也不能得到支持。因为合同纠纷既可在被告住所地起诉，也可在合同履行地起诉，所以提管辖权异议需要事实和法律依据。现实中原告为方便自己规避管辖问题，此时被告可提管辖权异议。

原告起诉会提交证据，因此与承办庭室联系，查阅对方提交的证据也很重要。同时，认为有反驳原告的证据，也应及时收集提交。

有些被告对诉讼采取回避的态度，甚至采取抗拒的行为，如果是“老赖”那样的人，则理应受到法律的惩罚。如果是讲诚信有责任感的人，则应配合法院的工作。因为拒绝签收法院的法律文书，工作人员可以留置送达。躲起来，法院可以公告送达，诉讼照样会继续下去。如果被告不到庭，法院可以缺席审判。

在民事诉讼中，当事人双方的权利义务基本上是对等的。部分诉讼权利原告享有，被告也同样享有，被告在应诉过程中要充分运用这些权利来保护自己的合法权益。法庭是双方面对面直接说理的地方，不管怎样，都应勇敢面对。

人民需要什么样的司法

人性的贪欲

人的欲望，可以小到只想要一个冰激凌，也可以大到想要家财万贯。欲望是个中性词，但欲望膨胀了极有可能变为贪欲，而贪欲则朝着贬义方向去了。贪欲本是无法满足的欲望，所谓“不知足，欲壑难填”。

马克思曾对资本活动中人性的贪欲做过精准注解：当利润达到10%的时候，他们将蠢蠢欲动；当利润达到50%的时候，他们将铤而走险；当利润达到100%的时候，他们敢于践踏人间的一切法律；当利润达到300%的时候，他们敢于冒绞刑的危险。这说明贪欲像是沉睡中的火山，随时可能爆发。

20世纪90年代，我生活的小山村极度偏僻。道路坑坑洼洼，崎岖不平，别说小汽车了，仅有的一两架农用手扶拖拉机都被视为奇贵之物。几乎没有通信工具，与外界交流甚少。年底打工人回乡，他们带回了新奇礼品，穿上了新潮服装，也带来了新的思想观念。这些观念改变了有些人的内心，到后来哪怕是违法之事也敢尝试，这些人为此走进牢狱。

生活中有一些人，一味和别人攀比。欲望的潮水只涨不落，而且一浪高过一浪。为了满足虚荣心，为了寻求更多刺激，让欲望的潮水冲开理智的大坝，危害社会和他人，也害了自己。为了利益，非法占有他人利益或者窃取国家财产，出卖人格和良心，不惜违法犯罪。

贪欲的典型例子莫过于贪污腐败。官场腐败者的腐败方式各不一样，但是他们有一个共同点：贪。他们的忏悔录无一不是在昭示：欲壑难填必遭殃！为了制止贪污腐败的产生，制度方面的规定层出不穷，但任何制度的推行和实施都离不开人。制度再完善再健全，人有了贪欲就会去找漏洞找空隙，甚至全然不顾制度。像包拯那样的清流之官，就算王朝制度残缺不全，他也不会腐败，因为正直之心让贪欲没了空间；反之，像和珅那样贪得无厌之人，就会把制度作为贪欲的工具，不择手段地去追求本不该属于自己的利益。

古人云：贪如火，不遏则燎原；欲如水，不遏则滔天。正是因为种种的贪欲才会有挣扎和痛楚。要想消除贪欲，就要息心，消除妄想执着。世人总是想拥有再拥有，得到再得到，但欲海总是无边界的，超越了道德底线便会无所忌惮，进而越过法律的底线。

去欲息心的关键在于战胜和超越自我。人的欲望时时刻刻存在，也是永远无法满足的。《道德经》有言：祸莫大于不知足，咎莫大于欲得。故知足之足，常足矣。老子提倡人要少私寡欲。贪欲像是一颗长在人体的毒瘤，不断腐蚀着人的内心，使其膨胀和萎靡。人若不能摆脱就只能受制，会因为过度贪婪而招来祸害。只有保持内心的安宁、恬淡、自然，才能摆脱贪欲。

司法与人情

俗话说，没有规矩不成方圆。治理国家、社会活动、个人行为等都需要规则，行政行为不可能靠天天发布命令，公务人员也不能为所欲为，道德准则再如何倡导，违法犯罪仍是难免的。这些需要成文的准则，那便是法律。法律一经制定颁布，上至最高官员，下至底层百姓，都须遵守，容不下人情干扰。法不容情意在说明法律的刚性容不得人情偏私，既定规则一定要遵守，不能因人情而有所偏颇。

《南史·顾觊之传》曾记载这样一件事：南朝宋大明年间，安徽濉溪县有一对中医夫妻，男的叫唐赐，女的叫张秀姑，医术高超，名闻乡里。大明元年，濉溪县忽然暴发一种瘟疫，患者不发病时与常人无异，一旦发病就会呕吐，吐出几条毒虫，而这时再抢救就晚了，不几日便会死亡。某天，唐赐前往邻村饮酒，回到家后发现自己被传染上瘟疫了，不久后，呕吐出毒虫二十多条。临终前，唐赐拉着妻子的手，再三叮嘱，死后解剖自己的尸体，一定要找到病因。

他的妻子听从了他的话，遵循了唐赐的遗愿。于是在他死后，他的妻子剖开他的肚子，发现她丈夫的肠胃已经腐烂了。但是，在当时的法律条文下，他妻子这一举措犯了大罪。

因为当时的法律条文记载，私自破坏他人身体是犯法的，要被判处四年刑罚。而损害丈夫身体更是罪加一等，要处以五年刑罚。而作为唐赐的儿子看着自己的父亲被母亲剖开尸体，却不加以阻止，按律来说，应当处以死刑。

当时的人们认为这个妻子和儿子是按照丈夫遗嘱办事的，不是故意伤害唐赐的身体，因此可以不必判处重刑。但当时的县令认为法律规定就是不能侵犯别人遗体，况且还是自己的亲人。他坚持按照法律判处张氏，并且判定唐赐的儿子不孝之罪。

这个案例似乎说明法律与人情处于矛盾两极，但现代法治国家的法律不是凭空产生的，是多数人的意志体现，法律是具有普遍约束力的人情，是规范的人情。

以《民法典》为例，历经 5 年编纂工作，在全国人民代表大会上以 2879 票赞成、2 票反对、5 票弃权，高票表决通过，足以说明这是一部反映人民意愿的法典。《民法典》由民法总则与各分编“合体”而来，包括总则编、物权编、合同编、人格权编、婚姻家庭编、继承编、侵权责任编及附则，共 1260 个条文，覆盖每一位公民生老病死的全部生活。

法律其实是有情的。之所以出现法律无情的观念，是因为在执法过程中可能有偏差，比如对法律条文理解有歧义，导致运用法律时不合乎立法目的。有人说在法律运用过程中，要给予执法者更多自由裁量权，以体现人情。而我认为不仅不能给太多自由裁量权，反而要大力压缩自由裁量权。举个例子来说，甲与乙同闯红灯，违章行为完全一致，而执法者经过自己的主观判断，认为甲是应该受处罚的，乙是不应受处罚的，必然出现同案不同处理的情况，法律便成了执法者手中的橡皮泥。

仔细阅读法律条文，会发现里面包含了不少人情因素。如《民法典》第一千零七十四条关于扶养义务的条款：有负担能力的祖父母、外祖父母，对于父母已经死亡或者父母无力抚养的未成年孙子女、外孙子女，有抚养的义务。有负担能力的孙子女、外孙子女，对于子女已经死亡或者子女无力赡养的祖父母、外祖父母，有赡养的义务。又如第一千零八十八条关于离婚时的经济补偿请求权条款：夫妻一方因抚育子女、照料老年人、协助另一方工作等负担较多义务的，离婚时有权向另一方请求补偿，另一方应当给予补偿。具体办法由双方协议；协议不成的，由人民法院判决。这样的条款无不是对人情、社会传统道德、伦理的吸纳，像这样的法律条文比比皆是，又怎能说法律是冰冷的呢？它恰恰是温暖的。立法者总要考虑很多道德和人情的因素，所以说法律本身也不外乎人情。这里的人情，是追求公平与正义的人情，是给予慈悲或宽恕的人情。而不是用“人情”徇私枉法，作为逃脱罪责的借口。强调人情，恰恰是强调正义观念，体现人文关怀。

无论如何，人情不能凌驾于法律之上，要尊重法律权威，奉行法律至上的原则。那是不是执法司法人员在法律适用活动中就不用兼顾人情呢？当然不是，除了法律本身即具有人情之外，当时制定的法律并不是十全十美的。立法者不可能考虑到现实和未来所有的情况，只是尽可能体现公正和社会人情因素。换言之，人情因素只可能在具有特殊情况的极少数特殊案件中酌量。即便如此，最终处理也应当在法律允许范围之内，或依据立法目的，或非类推地扩大解释，或依法律体系阐释，或依一般法律原则使之趋向社会道德伦理，合乎人情。

法律与民意

随着网络的发展，民意以网络渠道表达出来的情况变得越来越多。而网络上表达出来的观点看法，有的是根据片段信息做道德审判，较少去关注法条法理及其逻辑体系。

从民意产生来看，它是一种多元化的声音，不乏普通民众，或是各界人士。我们能看到的案件，多由各种媒体报道出现，内容真伪有时难以辨别。对于什么是民意，多少人的意见代表民意，需要界定，却又难以界定。一般而言，民意就是大多数人对某一问题共同的倾向性看法与态度。

民意是始终存在的，而且有存在的必要性。公众享有监督权、检举权、言论自由权等权利，民意监督正是公众的权利表现。司法人员对法律的应用，其在运用过程中所拥有的自由裁量权，掺杂司法人员的个人价值观。而民意有防止司法腐败、促进司法公正的作用。近年来一些冤假错案受到民众持续关注，民意的表达促使司法为冤案平反，贪污渎职腐败分子也受到了惩处，这些例子也说明民意对司法公正有正面影响作用。

然而司法关注客观事实，“以事实为根据，以法律为准绳”。就像正义女神在审判时一定要蒙住双眼，为的就是不受外界的任何干扰，果断地挥下正义之剑。民意虽有监督、防腐败等正面影响，但司法若一味顺从民意，其权威必定被削弱。司法权威被削弱，最终影响的是法律权威。法律没有权威，弱肉强食的丛林状态必然再现。

基于绝大多数人的意志，立法机关制定了抢劫罪的法律条文：以暴力、胁迫或者其他方法抢劫公私财物的，处三年以上十年以下有期徒刑，并处罚金；有下列情形之一的，处十年以上有期徒刑、无期徒刑或者死刑，并处罚金或者没收财产：

（一）入户抢劫的；

（二）在公共交通工具上抢劫的；

（三）抢劫银行或者其他金融机构的；

（四）多次抢劫或者抢劫数额巨大的；

（五）抢劫致人重伤、死亡的；

（六）冒充军警人员抢劫的；

（七）持枪抢劫的；

（八）抢劫军用物资或者抢险、救灾、救济物资的。

假使有这样一个人，夜晚抢劫了一名八十多岁的老太太。抢劫过程中不小心把老太太撞倒在地，抢劫者被抓归案后，查明劫得五百元。事后老太太在医院检查，无大碍，只是手被刮破了点皮。

对这样的案件，司法部门认为无法定加重情形，应在三年以上十年以下有期徒刑量刑。但有些人认为抢劫高龄老太太，太没有人性了，应该判处死刑。这个时候如果让司法部门违反法律处理，法律势必成为一纸空文。

实际上，立法机关为了让司法活动重视民意煞费苦心。以人民陪审员制度为例，除法律另有规定外，人民陪审员同法官有同等权利，这从制度上保障了公民依法参加审判活动，吸纳了各界人士深度参与审判活动，促进司法公正。

虽然谁也不能保证民意是完全理性和正确的，正如无法保证每一次司法处理活动是完全公正的一样。但有民意的存在，司法活动就会有所顾虑，民意本身就有使司法不要偏离公正的作用。

民意与司法看似对立，实际上两者并无本质上的冲突。司法功能之一就是维护个人利益和权利，本身就是民意的体现。我国是成文法国家，法律是由全国人民代表大会制定的，全国人民代表大会代表的是全国人民的意愿，所以司法本身就是维护广大人民群众的利益。甚至可以说，法律本身就来源于民意。

为了使民意与司法能保持一致，可使法律教育大众化，普及法律常识，培养公众的法律意识，增强公众对司法的信任。此外，司法部门办理案件，除了保护隐私和秘密之外，一般案件都应进行公开，消除公众对司法的各种揣测。同时将民意表达规范化，以法律方式疏导民众情绪、规范民意表达。

我们应该如何去认识法律

德国哲学家康德曾说："有两种东西，思考越深就越令人敬畏。一个是头顶的星空，一个是心中的道德律令。"在帝国时代，法律只是统治阶级的一种统治工具。公平正义往往得不到实现，典章法律常常是一纸空文。但从《法经》到《唐律疏议》，从宣扬"法者，宪令著于官府，刑罚必于民心，赏存乎慎法，而罚加乎奸令者也"到"王子犯法与庶民同罪"，对法治的探索与努力从未停止过。在现代法治社会，法律是人身财产权益的"护身符"，无时无刻不在影响着每个人的生活。衣食住行有《民法典》约束着我们，工作后有劳动法律法规规范，上网不得违反国家法律规定。法律不仅是纸上的文字，它的触角已经抵达每个人生活的方方面面。

法律究竟是什么呢？法律是"刀子嘴豆腐心"，表面上看起来是一条条严峻的条文，内核却是谦逊的微笑。单看"法律"这两个字眼，透着一股威严和神秘。法律与道德一样，作用都是规范公众的行为，使社会运行变得有序。但法律与道德又有许多区别，比如法律靠国家强制力保证实施，道德靠人的内心自觉。“善恶”是道德角度的标签，法律角度上万事没有“善恶”，只有裁定标准。在法律面前人人平等，只要触犯法律，就要依据法律一一裁决。不会因为你曾经行善，就得到法律特别保护，也不会因为你恶，就在法律之外加重惩处。如果法律运用“善恶标准”，那法律就沦为了道德，法律也就不复存在了。

那么为什么需要法律？关于法律的作用，我们首先想到的是用于惩罚违法犯罪，这自然没有错。但从需求的角度，最重要的两点是保障人权和制约公权力。

人权，顾名思义，就是人的权利，即人依其自然属性和社会属性享有和应当享有的基本权利。其显著特点是：（1）主体是所有个体。《世界人权宣言》明确指出：不分种族、肤色、性别、语言、宗教、政见、国籍、社会出身、财产、出生或其他身份等区别，人人都有资格享有人权。（2）内容体现自由和平等。正如《世界人权宣言》第一条规定的那样：“人人生而自由，在尊严和权利上一律平等。”自由就是让人成为自己的主人，未经法定事由法定程序，自由不得被限制，平等就是使人享有相同权利和地位。人权体现了公平、正义、善良等美好的精神和价值，使人能够有尊严地生活。

人权与法律之间具有非常密切的关系，在对人权的保障中，法律是最基本也是最权威的保障。

2004 年宪法修正案把“国家尊重和保障人权”写入根本大法。

我国制定的法律大多与人权有着不同程度的联系，其中尤以社会法、行政法、刑法、诉讼法和民法等领域的法律与人权的联系最为密切。这些法律既包括专门保障未成年人、老年人、妇女、残疾人等特定权利主体合法权益的社会法领域的法律，也包括专门规定或涉及公民生命、人身安全、健康、财产等权利的行政法、民事法和经济法领域的法律，还包括刑法、刑事诉讼法、民事诉讼法等不同领域内的基本法律。

以《中华人民共和国刑事诉讼法》为例，作为宪法之下最为重要的基本法律之一，其在人权保障中发挥着不可替代的作用。如非法证据排除规则，明确规定要依法排除由刑讯逼供、暴力、威胁等非法手段采集获得的证言。对于违反程序而收集获得的物证、书证，要给予修正或做出相应解释，否则要对其进行排除，不可作为证据使用。这对于保证证据收集的合法性、避免冤假错案具有重要意义。

法律的另一个重要作用就是制约公权力。以违法犯罪者游街示众为例，法律根本没有游街示众的规定，把犯罪嫌疑人、被告人拉出去游街，就是滥用公权力。权力滥用可能带来严重后果。要想法律权威得到尊重，权力部门应当带头遵守和执行。法律是怎么规定的就怎么执行，法无明文规定不可为。作为公民，可以监督权力部门依法履行公务，共同维护法律权威。

法律也不是万能的，法律规定了国家与社会中基本的制度，规定了个人底线、行为准则，对社会稳定和发展发挥了重要作用。但其并不能替代哲学、科学、道德等在具体领域中的作用，比如恋爱、情感交流并不归法律调整，只有当恋爱双方就恋爱发生了财产纠纷、子女纠纷、侵权纠纷等问题时，这些问题才会进入法律调整的范畴。

律师的初心是什么

初心是什么？有说远大志向的，有说艰苦奋斗精神的，有说最初的想法的。我比较认同这样一种说法，初心是最初的那份纯真。

从事律师职业，可能由于生活环境、学习经历不同，每个人的出发点也不同。但是当我们接受了当事人的委托，我们每个人的初心应当是一样的，那就是：敬畏法律，全心全意维护当事人合法权益，维护法律的正确实施，维护社会的公平正义。

律师的初心首先是维护当事人的合法权益。《律师法》第三十条规定：律师担任诉讼法律事务代理人或者非诉讼法律事务代理人的，应当在受委托权限内，维护委托人的合法权益。《律师法》第三十一条规定：律师担任辩护人的，应当根据事实和法律，提出犯罪嫌疑人、被告人无罪、罪轻或者减轻、免除其刑事责任的材料和意见，维护犯罪嫌疑人、被告人的合法权益。可以说，律师行使的职责，是法律所赋予的。

从当事人合法权益与国家法律之间的关系这个层面来讲，当事人合法权益本身寓于法律之中，没有法律规定，又如何知晓当事人权益有哪些呢？当事人合法权益本身就是法律所赋予的。律师要始终在法律允许范围内维护当事人的合法权益，始终站在委托人立场考虑问题，这是法律赋予律师的职责，也是律师的初心。

律师的初心其次是维护法律正确实施。法律的产生推动了律师职业的兴起与发展，同时，律师职业活动对法治国家的发展具有不可忽视的促进作用。律师通过开展辩护和代理等诉讼业务，担任政府、企业和个人的法律顾问等非诉活动，身体力行地推动法律精神和法治原则深入人心。可以说，法律与律师之间的关系，正如水与鱼之间的关系，二者相辅相成、相互依存，形成你中有我、我中有你的共生关系。

依法治国是我国的基本方略。实现依法治国必须做到有法可依，有法必依，执法必严，违法必究。律师也是依法治国的重要参与者，运用法律武器维护当事人合法权益，充分起到了监督法律实施的作用，从而维护了法律实施过程中的正确性。

律师的初心最后是维护社会公平正义。公平正义是法律的内在属性，律师参与到司法活动中，充分维护各方当事人合法权益，促使法律正确实施，从而达到维护社会公平正义的目的。

以刑事诉讼而言，刑事司法活动会剥夺一个人的人身自由，甚至是生命。体现的是国家公权力与个人私权利之间的对抗，两股力量的悬殊是显而易见的。法律赋权给律师去帮助相对弱势的一方，以保证其受到公正对待，合法权益不受侵害，哪怕按法律规定应当判处死刑，他也有法律赋予他的辩护权、申请回避权、最后陈述权、上诉权等权利。依照法律规定，经过法定程序，而不是被乱棍打死、秘密处死。

公权力是通过司法人员来行使的，但司法人员也有认知上的局限，可能对案件做出错误处理，进而侵犯公民的合法权益。因此需要律师让有罪的人受到正确的刑罚，为无罪的人伸张正义，而这也是律师的初心。

我做律师的初心，是满足基本的物质生活需求和全力维护当事人的合法权益。一个人如果连生存都是问题，枉谈其他。一份职业无论多高尚，首先得满足养家糊口的需要。因而，我毫不掩饰做律师的初衷之一是满足基本生活需求。

而要做好律师这份职业，首要就是全心全意维护当事人的合法权益。

维护当事人的合法利益，就是在维护法律的正确实施，就是在维护社会公平和正义。律师一旦与客户签订了委托合同，就负有了对委托人的忠诚义务和勤勉义务，应当以委托人的权益为首要职责，在法律范围内维护当事人合法权益。有一个概念常被偷换，即“当事人的合法权益”被改换成“当事人的权益”，律师维护的是当事人的合法权益，不能把“合法”二字去掉了，变成当事人的权益。不是当事人让律师干什么，律师就干什么，而是在合法委托范围和权限内，合法地去维护当事人合法权益。公平正义不能停留在纸面上，应当反映在司法实践中，体现在每一起司法个案中。

律师不仅是一份赖以谋生的工作，更是一种标签。他象征着正

直、诚信、专业等优良品质，不管在职业路上走多远，应心怀悲悯，合法、专业、负责地办理案件。让当事人感受到公平正义就在身边，法律一直伴随其左右。

公理之下，正义不朽

美国法学家凯尔森认为，正义是一种主观的价值判断。在我们的概念里，正义即公平、公正、有情有义。虽然不同社会、不同时代有不同的正义观，但正义始终是人类社会普遍认可的崇高价值和追求。正义常常与道德绑定在一起，侵略他国，烧杀抢掠他国人民被认为是丧尽天良、极不道德的行为，抵御侵略就是正义之举，正义通常也要求在思想上和行动上都符合道德要求。

正义是法律源泉之一，也是法律的归宿。法律抛弃正义，便丧失正当性，正义脱离法律，就丧失了重要载体，法律是实现正义的重要手段。《中华人民共和国刑法》（以下简称《刑法》）规定，犯罪之人面临管制、拘役、有期徒刑、无期徒刑、死刑等人身限制、剥夺及罚金、没收财产等财产处罚。面对穷凶极恶之人正在进行的严重犯罪行为，《刑法》第二十条第三款规定：“对正在进行行凶、杀人、抢劫、强奸、绑架以及其他严重危及人身安全的暴力犯罪，采取防卫行为，造成不法侵害人伤亡的，不属于防卫过当，不负刑事责任。”即面对极其严重的人身侵害，被侵害之人来不及请求国家保护，我国《刑法》规定了特殊防卫制度，支持被侵害之人，实施无限防卫制度，这都是在保障正义的实现。

历史上有的法律，名为法律，实为恶法，是维护统治的一种工具，并不具有“公认的正义”这一属性。即使不是恶法，只要还有超越法律之上的权力，正义就随时可能被践踏。

如商鞅变法的故事。商鞅推行法令十年后，秦国呈现出“道不拾遗，山无盗贼，家给人足”的社会风气。然而，在支持商鞅变法的秦孝公死后，曾经因太子犯法而受刑的公子虔举报商鞅意欲谋反，继任新君随即将商鞅车裂，并灭商鞅全家，使其落得身死族灭的悲惨下场。君王的权力在法律之上，而非法律之下，正义随时可能被埋没。

正义的法律就是公理的一种。一旦公理没有了，正义随时荡然无存。比如在军阀混战年代，遇到事情不讲理，只看拳头大小。法律的作用变小，甚至没有作用。古罗马有句法律谚语：在战争时法律归于沉寂。如果人不想一直生活在暴力战争中，就只能接受法律，将暴力战争状态导入文明状态中。

一个完全没有法律意识的人，在希望法律保障自身权益时，可能会陷入困境。比如张三欠李四一笔借款，但李四没有任何证据证明，于是李四的诉讼请求被驳回。李四认为法律没有正义可言，但作为完全民事行为能力人，李四本可以让对方打个借条，或者留存银行转账、录音录像等证据，或者让证人在旁作证等。要得到法律保障，就得符合法律规范。

人民需要什么样的司法

司法诞生于人民的需要。如果人民没有需要，司法便没有存在的必要。人民的重要需求之一就是公平正义，而司法正是因人民追求公平正义而存在的。“司法为民”绝不是一句简单的口号，如果司法不为民，人民何必要司法？人民将司法权赋予司法机关，为的就是通过司法机关的司法行为在具体个案中获得公平正义。因此让人民群众在每个司法案件中感受到公平正义，就是司法的目标和价值追求。

一切权力属于人民，当然包括司法权。全心全意为人民服务是一切公共权力的宗旨，司法权也不例外。因此司法活动必须服务于人民，人民的司法需求延伸到哪里，司法工作就要跟进到哪里。在亲民方面，破除“门难进、脸难看、话难听、事难办”的服务态度。在便民方面，“一件事一次办”，电子送达，网上立案开庭，都是便民之举。但便民无止境，社会在进步，便民理念和措施也要不断跟进。在利民方面，司法的最终目的是利民，严肃司法，提高办案效率，公正处理，满足人民群众的司法需求。

对司法的第二个期待就是透明。一般人对司法知之甚少，如果司法还要关起门来行使职权，必然会引起公众猜疑。透明不仅要求公开结果，还要把行为过程、所思所想全部公开出来。既然司法是公共事务，为公众服务，那么就没有理由畏惧公开。透明公开才更能赢得公众尊重与认同，除了国家机密、商业秘密、个人隐私之外，都可以进行公开。很多贪官腐败渎职是在隐秘的角落发生的，封闭环境下的司法只会离人民越来越远。

司法人员要坚定人民立场，具有为民情操。理念再先进，制度再健全，终究要靠人来执行。司法人员虽然要钻研法律，但不熟悉民情民意，不倾听人民心声，容易陷入“闭门造车”的困境，也容易曲解法律本意。

清朝诗人、书画家郑板桥耳闻目睹民间疾苦，作诗一首：“衙斋卧听萧萧竹，疑是民间疾苦声。些小吾曹州县吏，一枝一叶总关情。”司法人员是与社会生活联系最紧密的群体之一，最了解群众之苦，郑板桥这样的为民情怀理应是司法人员所应学习的。像竹子风雨过后依然傲立，更清洁干净一样，司法人员要恪守司法良知，不偏不倚，不为人情所困，不为金钱所惑，不为权势所屈。

司法从某种意义上来说就是说理。不管是决定、裁定、意见书、还是判决，说理是司法的精髓。以法为据、以理服人、以情动人，一篇情理法交融的司法文书，不仅准确适用了法律，而且更加尊重民众朴素的情感，以看得见的方式呈现世间的公平正义。

生命的价值高于一切

不管人的一生怎样度过，所有的生命都是有价值的。每个人只被赋予了一次生命，对个人来说没有什么比生命更加宝贵，生命一旦丧失就永远失去。在大自然面前，人的生命非常脆弱，一次泥石流、一场突如其来的疾病、一场洪水，随时可能将人的生命夺走。

一个人在世上有很多权利。以民事权利而言，有人身权、财产权、知识产权等。人格权属于人身权的分类之一，包含生命权、身体权、健康权、姓名权、肖像权、名誉权、荣誉权、隐私权等。其中生命权是与生俱来的，不能被人抛弃，也不可被转让。在所有权利中，生命权无疑分量最重。在法律对人格权的编排中，生命权排在首要位置。不管是民事法律、刑事法律，还是其他涉及生命的部门法，首先强调要保护生命。当生命权与其他利益发生冲突时，优先保护生命权益。可以说保护人的生命，是法律维护社会正义的首要之义。

刑法对基于非法目的致人死亡的行为会给予最严厉的惩处。故

意杀人，故意伤害致人死亡，绑架、拐卖妇女儿童，强奸等侵犯个人人身权利，使人失去生命的，一般被定性为罪行极其严重，极有可能被判处死刑。

即使不直接侵害他人，因为对生命的漠视，怂恿他人放弃生命，也在法律上被予以规制。如有轻生念头的人站在高楼上，随时准备一跃而下，在轻生者犹豫、内心波澜起伏之时，有人大声喊："别磨磨唧唧，赶快跳！"如果由于此人的起哄行为助推了轻生者的自杀念头，导致轻生者最终"纵身离去"，那么他可能涉嫌故意杀人罪。即使根据具体案情不构成刑事犯罪，从民事责任角度上来说，他可能也需要对轻生者的死亡承担责任。

刑法强调对生命的尊重。如危险驾驶罪，醉驾或者极速飙车，哪怕未造成重大交通事故，也被认为是犯罪。危险驾驶本身就是对其他不特定人的生命的漠视。刑法规定这个罪名，就是要用最严厉的法律唤起人们更加珍爱生命的意识，包括珍爱他人的生命。又如生产、销售假药的行为，生产销售不符合卫生标准的食品的行为，都极大影响人们的生命安全，即使没有造成严重后果，也仍然可被认定为犯罪。

民事法领域也极度强调对逝去生命的精神抚慰。如共同饮酒，不顾饮酒人身体状况，一直劝酒，酒后又放任其醉酒驾驶。即使没有触及刑法，也可能需要给予人身损害赔偿。除了赔偿医疗费、交通费等常规性费用，还应当赔偿丧葬费和死亡赔偿金，其中死亡赔偿金的赔偿金额相对较高。生命价值无法用金钱来衡量，但其体现的是对死者生命最大程度的尊重。

从法律角度来说，生命价值之所以高于其他价值，就在于生命的价值体现在生命本身，不管功成名就还是失意潦倒，不管愚笨还是聪明，生命价值对每个人来说都是一样的，无高低贵贱之分。即使没有法律规定生命权，我们每个人也能理解生命的珍贵，明白其基本含义。

当生命价值与其他价值发生冲突时，生命价值具有优先性。如某小孩为救一只小猫，不小心掉入墙缝，要救小孩必须破墙，而这堵墙乃千年古城墙，这时破不破墙？不言而喻，城墙价值再高也得让位于人的生命权。再如与个人自由空间的冲突。有一句法律谚语：风能进，雨能进，国王不能进。意思是私有财产神圣不可侵犯，哪怕是国王也不行。现代法治充分保护私人空间的生活安宁，但如果私人空间里有人突发疾病快要猝死，面临生命危险，这个时候破门而入保护生命，牺牲个人空间主权属性，就是对生命权的优先保护。

一个人拥有生命是享有一切权利的前提。一旦失去生命，其他权利也随之丧失。因此怜悯生命应成为植入内心的道德准则，敬畏生命应成为法治国家的法律准则。